협상
시크릿

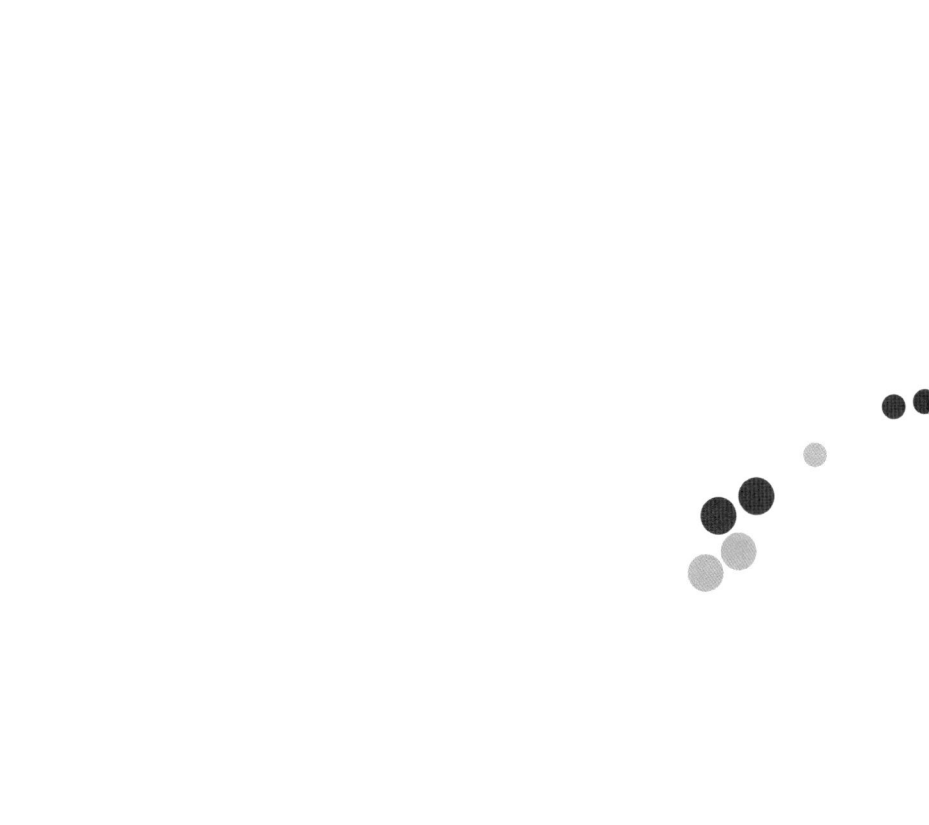

협상 시크릿

Secret of Negotiation

박명래 · 김국진 공저

다차원북스

추천사

"클라이언트를 위해 협상을 하는 많은 변호사들에게
일독을 꼭 권하고 싶은 책이다. 협상을 어떻게 계획하고 실행하며
마무리해야 하는가에 대한 구체적 지침을 설명한 시사점이 많은 책이다."
김&장 법률사무소 안재홍 변호사

"동반성장의 시대! 개인과 조직의 성장을 이끄는 핵심역량은
상호 Win-Win할 수 있는 협상능력이다. Global Leader를 키우는
인재육성 영역에서 협상능력은 더욱 더 절실하다. 30년의 현장경험 속에서
생생하게 전해지는 지혜를 배우는 행복한 만남을 기대한다."
SK 아카데미 김홍묵 원장

"인생은 협상이다. 갑과 을이 첨예하게 대립하는 비즈니스는 물론,
심지어 부부관계에서 국가관계에 이르기까지…. 어떻게 함으로써
상호이익을 도모할 것인가? 그 전략과 지혜를 이 책에서 찾을 수 있다.
책을 덮는 순간, 세상을 보는 눈이 달라질 것이다."
한국강사협회 조관일 회장

"서비스업이 발달할수록 협상이 더욱 중요해진다는 저자들의 주장에
전적으로 동의한다. 고객의 귀중한 자산을 관리해야 하는 금융업 종사자들에게
반드시 읽어보기를 권하고 싶은 책이다. 먼저 우리 직원들에게 읽히고 싶다."
하나저축은행 박재호 대표

"이 책은 인간의 심리에 대한 깊은 통찰을 바탕으로 협상을 설명하고 있다.
그 점에 찬사를 보낸다. 클라이언트와의 첨예한 이해조정을 해야 하는 연구원과
리서치 업계의 종사자들이 반드시 익혀 두어야 할 역량을 기술한 책이다."
한국리서치 최신애 부사장

한국인에게 꼭 맞는 '한국형 협상의 비밀'

"경영환경이 빠르고 복잡하게 변하면서 개인 및 조직별 이해관계가
첨예하게 대립되고 있는 상황에서 협상의 중요성이 더욱 절실해졌다.
이 책은 개념이 아닌 실전적인 Win-Win 협상의 방법을 제시하는 실천서이며,
특히 경영현장에서 꼭 필요한 협상의 바이블이라고 생각한다."
삼성인력개발원 임태조 상무

"위캔HRD 박명래 대표는 우리 한양대학교 교육대학원에서
강의 부문 최우수상을 수상한 가장 인기 있는 교수 중 한 사람이다.
그의 유명한 협상 강의를 책을 통해 만날 수 있는 기회를 얻은 것 같아 기쁘다."
한양대학교 사회교육원 정기수 원장

"앞으로 글로벌 시장에서 활약하게 될 미래의 비즈니스 리더들인 대학생들이
반드시 읽어보아야 할 협상 관련 책이 출간된 것 같다. 협상도 바둑처럼
정석과 수순과 맥이 있고, 전략과 전술이 필요하다는 말에 전적으로 공감한다."
서울대학교 산업인력개발학 전공 김진모 교수

"국내 HRD 분야에서 가장 오랫동안 협상세미나를 운영한 강사의 경험과
지혜가 담긴 책으로 고객과의 다양한 이해관계를 조정해야 하는
비즈니스 리더들에게 적극적으로 추천해 주고 싶은 책이다."
러너코리아 구태원 대표

"인터넷 광고·홍보 시장에서도 매일 클라이언트와의 크고 작은 협상이 진행된다.
수면 위로 드러난 상대방의 요구보다는 그 아래 감춰진 욕구를 찾아내어 해결해줄 때
협상이 성공적으로 마무리된다는 저자들의 주장을 적극 반영하겠다."
H&A 어소시에이트 하지윤 대표

프롤로그

아내와도 협상하라!

우리는 아침에 눈을 뜨자마자 사람과 사람 간의 관계 속에서 하루를 시작한다. 가족 간에 식탁에서의 대화가 술술 잘 풀리는 날이면 출발이 산뜻하다. 반대로 아침부터 아내의 잔소리와 남편의 맞받아치기가 난무하면 회사일이 제대로 손에 잡힐 리 없다.

'가화만사성(家和萬事成)'이나 '수신제가치국평천하(修身齊家治國平天下)'는 나를 중심으로 그려지는 작은 원에서부터 관계가 잘 풀려야 큰 원 속에 있는 관계들도 원만하게 풀린다는 뜻이다.

대인관계는 개인 간, 기업 간, 국가 간에서 달리 적용되는 것이 아니라 하나의 원리로 작동된다. 이 세상에서 자기가 원하는 바를 이루고 성공하려면 대인관계를 원만하게 풀어주는 열쇠가 필요하다. 바로 '협상력'이다.

㈜위캔HRD를 설립하여 사람들에게 협상력을 가르쳐온 지 벌써 25년이 되었다. 그동안 많은 기업 관계자와 공직자, 일반인들을 만나면서 "성공과 실패를 가르는 가장 중요한 요소는 협상력"이라는 확신을 갖게 되었다. 이 책은 성공으로 가는 지름길인 '협상의 기술'

을 자세하게 설명한 일종의 실전 지침서다. 바둑으로 치면 포석과 행마와 수읽기를 가르친다. 알기 쉽게 설명하기 위해 필자들의 개인적인 체험담도 실었다.

개인 간의 협상이든, 기업의 협상이든 원리는 비슷하다. 국가 간의 협상 역시 협상을 이끌어가는 당사자는 사람이기 때문에 사람의 마음을 잘 이해하고, 잘 다루는 게 가장 중요한 협상 시크릿이다.

등장인물 속에 '나'와, 그동안 관계했던 수많은 '타인'을 대입해보면 개별적인 협상의 성공과 실패담이 그려질 수 있을 것이다. 주인공이 남자인 자리에 여자를 대입해도 무방하다.

'협상의 하수'들이 흔히 저지르는 오류는, 타인에게 자신의 주장을 설명하는 데 너무 많은 시간과 에너지를 쏟아붓고 있다는 사실이다. 내 머릿속에 있는 지식을 상대가 알아듣기 쉽게 설명하려면 당연히 내 입이 바빠야 한다. 열심히 노력하는데 실적이 형편없는 영업사원이라면 고객과 소통하기보다는 상품을 설명하는 데 너무 치중하지 않았는지 돌아보기 바란다.

협상은 상대가 내 생각에 동의하거나 수긍하게 만드는 일종의 설득 작업이다. 상대가 머리로는 이해했지만 가슴으로 받아들이지 않는다면 설득은 실패한 것이다. 설득하는 데 설명의 과정을 뺄 수는 없지만, 상대의 가슴을 여는 데 더 많은 노력을 해야만 성공적인 협상을 이끌어낼 수 있다.

사회나 국가가 성숙될수록 점점 더 협상이 필요해진다. 경제 규모가 커지고 글로벌화 된 세상에서 살고 있는 우리에게 이제 협상력은 없어서는 안 되는 필수적인 요소가 되었다.

과거 개발도상국에 머물렀던 시절에는 '협상'보다는 '생떼'가 통하기도 했다. 조직 내부에서도 경영자와 조직원 간의 협상은 상상조차 못했고, 오로지 명령과 복종만이 존재했을 뿐이다. 거북선이 그려진 우리 지폐로 외국기업으로부터 대형 선박을 수주했다는 H그룹 창업주의 신화는 지금의 협상 교과서에서 이미 사라진 하나의 에피소드에 불과하다.

이제는 이미 그런 차원을 넘어섰다. 기업이나 국가 간의 협상에서도 '생떼'나 비굴한 '부탁'은 더 이상 통하지 않는다. 줄 것은 주고, 받을 것은 받는 것이 국가 간의 룰이다. 이 룰 속에서 어떻게 자국의 이익을 극대화할 것인가, 이것이 바로 국제적인 협상가의 몫인 것이다. 개인의 사생활과 기업의 이익을 동시에 존중해야 하는 성숙된 사회에서 경영자와 종업원도 지혜롭게 협상해야만 회사를 성공으로 이끌 수가 있다.

협상력에도 급수가 있다. 고수와 하수가 맞붙으면 백전백패, 하수가 깨진다. 이 책은 적어도 협상을 즐길 수 있는 수준까지 독자 여러분의 협상력 수준을 끌어올리는 게 목적이다. 바둑도 최소 5급 정도는 되어야 진정한 즐거움을 맛볼 수 있다고 하니 그 수준까지 도전해 보자.

그동안 수많은 협상 관련 서적들이 출간되어 우리의 협상력 향상에 큰 도움을 주었지만, 번역물이 많아 우리 정서와는 다소 동떨어진 면이 있었던 것 또한 사실이다. 이번에 펴낸 『협상 시크릿』은 한국인에게 꼭 맞는 한국형 협상책이란 점에서 의미가 있다.

특히 오랫동안 관행처럼 굳어졌던 '갑을 문화'에 대한 대대적인 인식변화가 이뤄지는 시점이라서 그 어느 때보다 기업으로부터 협상 강의요청이 늘어난 것도 이 책을 출간한 계기가 됐다.

이 책을 곁에 두고 몇 번 반복해서 읽거나, 위캔HRD에서 매월 진행하는 협상 세미나에 참가하여 협상 강의를 듣다보면 어느새 협상을 즐기는 자신을 발견하게 될 것이다.

성공하려면 협상을 배워라!

2013년 7월
박명래 · 김국진

차례

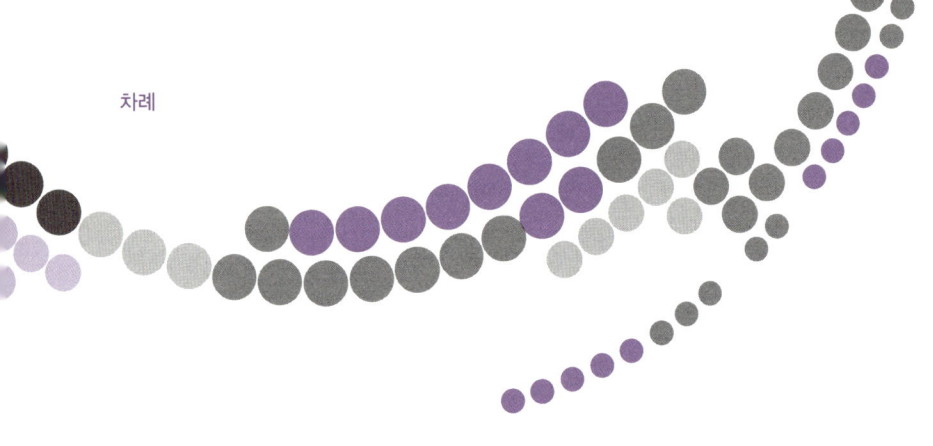

추천사 | 4
프롤로그 | 성공하려면 협상을 배워라 | 6

SECRET 01 지금 왜 협상력인가? | 15
'악마'와 협상할 때도 잊지 말아야 할 것들 | 17
'미치광이 전략'에 익숙해야 하는 한국 대통령 | 19
합의보다 합의 이후가 더 중요해 | 21
'5대 95'인 '슈퍼 파레토'의 법칙 | 24
IMF 금융위기가 던져준 협상의 교훈 | 26

SECRET 02 협상은 돈이다 | 29
흔히 발견할 수 있는 '협상 포기자'들 | 31
상대의 '시간'을 빼앗아라 | 33
류현진의 배짱이 통한 LA다저스와의 협상 | 36
협상력 덕분에 올라간 '월드스타' 싸이의 몸값 | 40

SECRET 03 한국인은 왜 협상을 즐기지 못할까? | 43

협상전문가와 관료가 싸우면 누가 이길까? | 45
선비가 돈 때문에 협상하는 것은 수치였다 | 47
끈질긴, 그러나 미워할 수 없었던 미국인 중고차 브로커 | 48
"쪽팔리게 돈 이야기는……. 구단에서 알아서 줄겁니다!" | 50
"너 몇 살이야, 인마!" | 51
"이봐! 그냥 주고가. 쫀쫀하게 시리!" | 52
TV 시사프로 패널들은 '협상 하수 중의 하수' | 54

SECRET 04 원하는 것이 있으면 협상하라 | 57

원치 않으면 주지 않는다 | 59
협상의 기회를 스스로 찾아내라 | 64
백화점에서도 '가격협상'을 하라 | 66
모든 인간은 경험과 지식이 서로 다르다 | 69
'NO'는 'NO'가 아니다 | 73

SECRET 05 '협상 고수'로 가는 길 | 81

태도가 말을 한다 | 83
협상력의 급수를 올리는 10가지 방법 | 85
비즈니스 커뮤니케이션의 두 가지 유형 | 93
이성에 호소하는 '설명' vs. 감성에 호소하는 '설득' | 97

SECRET 06 협상의 청사진 'PEAR 사이클'을 기억하라 | 99

나도 좋고 상대도 좋은 게 최고의 협상 | 101
Preparation(준비) – 협상의 출발이다 | 103
Encounter(관계형성) – 공감대를 만들라 | 110
Agreement(협상실행) – 군더더기를 없애라 | 113
Relationship(이행노력과 감사표시) – 결과를 유지하라 | 118

SECRET 07 협상 고수에게 배우는 협상 태도 | 121

공격적 태도 vs. 복종적 태도 | 123
협상가에게 필요한 'Assertive'한 협상 태도 | 125
협상 때 힘을 발휘하는 4가지 대화법 | 131
협상테이블에서 주도권을 잡는 태도 | 133
효과적인 제안의 방법 – DESC 화법 | 136

SECRET 08 자신의 협상스타일을 깨달아라 | 141

자신의 이익만 생각하는 '소련식 협상' | 143
협상의 4가지 유형 | 146
윈-윈의 실천을 위하여 | 153
상대의 숨겨진 '이해관계'에 초점을 맞춰라 | 155
윈-윈 협상을 실천하려면 | 164

SECRET 09 크게 요구하면 크게 얻는다 | 167

협상에서 이기기 위한 4가지 요소 – PIPT(최초요구, 정보, 힘, 시간) | 169
크게 요구하면 크게 얻는다 | 172
'15~20% 룰'을 기억하라 | 176
상대의 정보는 얻고, 나의 정보는 지켜라 | 182
'심문'하지 말고 '질문'하라 | 184
힘의 근원 | 186

SECRET 10 하버드 식 협상기술에서 배우는 4가지 철칙 | 191

피하거나 폭발하는 협상의 하수 | 193
'경청'이야말로 협상의 가장 강력한 수단 | 198
협상에는 '협박'도 유효한가? | 200
빨간 신호등도 다함께 건너면 무섭지 않다 | 202
원하라, 강력하게 원하라 | 206

SECRET 11 실전에 강한 고수들의 협상전술 | 211

효과만점의 다양한 협상전술들 | 213
협상가가 해야 할 것과 하지 말아야 할 것들(성공을 위한 처방) | 230

SECRET 01

지금 왜
협상력인가?

'윈-윈 협상'이란
장기적 파트너십을 통해 상호 호혜의
가치를 추구하는 개념이다.
실제로 단 한 차례의 계약이나 협상에서
양자에게 모두 완벽하게
만족스러운 결과를 만들어 낼 수는 없다.
당장은 아쉬운 부분이 있더라도
장기적인 파트너십을 통해 약점을 보완하고
이익으로 전환해가는 '과정' 그 자체가 바로
윈-윈 관계다.

'악마'와 협상할 때도 잊지 말아야 할 것들

　　　세상을 살다보면 마주치기 싫은 상대와 마주해야 할 때가 있다. 아무리 생각해도 내게는 잘못이 없는데 상대에게 고개를 숙여야 할 때도 있고, 생각지도 못한 분쟁에 휘말려 본인의 의사와는 무관하게 협상을 강요받기도 한다. 이럴 때 우리 눈에는 상대가 물리쳐야 할 '악마'로 보인다.

　수천 억, 수조 원에 달하는 엄청난 돈이 왔다 갔다 하는 국제 간 기업 분쟁이나 국가 간 분쟁 등 규모가 크고 사안이 민감할수록 상대를 '악마'로 보는 '악마화(化)'의 유혹에 빠지기 쉽다.

　세계적인 협상 전문가인 로버트 누킨(Robert Mnookin) 하버드대학교 로스쿨 명예교수는 그의 저서 『Bargaining with the Devil』에서 "악마와도 협상하라"고 조언한다.

　하버드 로스쿨 협상 프로그램과 협상 연구 프로젝트를 지휘하고 있는 누킨 교수는 이 책에서 나치와 협상한 루돌프 카스트너, IBM과 후지쯔의 운영시스템 소프트웨어 전쟁 등 역사 속에 등장한 여

덟 가지 사례를 거론하며 실용적인 협상 기술을 소개하고 있다.
 누킨 교수는 그 어떤 상대를 만나더라도 침착하게 협상해야 한다고 주장한다. 상대가 비록 '악마'라 할지라도. 협상에서는 정의감보다는 냉철함이 필요하다. 상대가 정말 '악마'인지, 내 눈에만 '악마'로 비치는지 구별할 수 있어야 한다.
 누킨 교수는 '악마'와 협상할 때도 다음 4가지 사항을 잊지 말 것을 당부한다.

1. 얻고자 하는 것과 잃게 될 것을 체계적으로 비교하라.
2. 혼자 분석하지 말고 다른 사람에게 조언을 구하라.
3. 예측은 중요하다. 하지만 절대적인 것은 아니다.
4. '정의' 때문에 실용적 판단을 무시해선 안 된다.

 상대를 '악마'로 보는 한 협상은 원만하게 타결될 수 없다. IBM이 후지쯔를 자사의 지적 재산권을 훔쳐간 '악마'로 보는 한 양측은 결코 끝날 수 없는 지루한 싸움을 면치 못한다. 분쟁에 모든 에너지를 소진한 뒤 양자의 파멸만이 기다리고 있을 뿐이다.
 협상 당시 IBM의 최대 관심사는 자사의 지적 재산권 보호였고, 후지쯔는 방해받지 않고 사업을 계속하는 것이었다. 그러나 "지속적으로 특허사용료를 지불하라."는 IBM의 최초 주장은 후지쯔를 '악마'로 보고 사업을 망가뜨리려는 저의가 엿보인다.
 이때 협상 중재에 나선 누킨 교수는 후지쯔에 대해 IBM 기술에 대한 합리적인 사용료를 '일시불'로 지불할 것을 제안했고, 향후 후지쯔가 이용할 수 있는 IBM의 기술 범위에 대한 엄격한 기준을 세우도록 했다. 이 제안을 받아들임으로써 IBM은 자존심과 지적 재산권을 지킬 수 있었고, 후지쯔는 사업의 연속성을 유지할 수 있었다. 결과만 놓고 보면 누구에게나 쉬울 것 같은 협상이 진전되지 못하고 꼬였던 것은 상대를 '악마'로 보는 감정적 대응 탓이 크다.

이러한 거대 기업 간의 분쟁뿐만 아니라 살인으로까지 이어진 아파트 층간 소음 분쟁처럼 개인 간의 관계에서도 상대를 '악마'로 보는 경향이 생각보다 많다는 데 놀라지 않을 수 없다. 소음 때문에 살인을 저지른다는 것은 악마의 장난이 아니라면 설명할 길이 없다. 이런 어처구니없는 사태를 면할 수 있는 길은 평소 협상력을 갖추는 것이다.

'미치광이 전략'에 익숙해야 하는 한국 대통령

대립의 시대에서 협상(Negotiation)의 시대로 접어든지 이미 오래다. 생각해보면 우리의 일상은 협상의 연속이다. 크게는 국가 간 협상에서 작게는 개인 간의 사사로운 협상에 이르기까지 우리는 매일매일 협상하고 있다. 우리의 삶은 인간관계에 의해 형성되어 있다. 그리고 인간관계는 협상 그 자체라고도 할 수 있다.

정상회담을 전제로 한 대가성 대북지원금으로 나중에 큰 논란을 빚기도 했지만, 당시만 해도 '햇볕정책'으로 대변되는 김대중 대통령의 외유내강형 협상 스킬은 국내외 외교전문가들이 공히 인정하는 바였다.

예컨대 연인끼리 식사를 한다고 가정해보자. 여자가 "오늘은 양식을 먹을까?"라고 물어보는데 남자는 "나는 한식이 좋은데……."라고 대답할 경우, 어느 쪽을 선택할지를 결정하는 과정이 다름 아닌 협상이다.

비즈니스 세계에서도 모든 거래, 업무상의 절충, 판매나 구매뿐 아니라 전근·승급·배치전환 등의 인사도 모두 협상의 대상이다. 모든 거래나 관계에서 조금이라도 불만족스러운 면이 있어 개선하고 싶으면 그것이 바로 협상의 대상이 되는 것이다.

우리가 9시 뉴스를 보는 동안에도 앵커의 입에서는 협상이란 단어가 수십 번 흘러나온다. 협상이 우리 삶에 있어 이렇듯 중요하건만, 소위 협상력(Negotiation Power)을 체계적으로 배워 체득하고 있는 사람은 그리 많지 않다. 협상력이야말로 비즈니스는 물론 인생의 성공을 담보하는 관건인데도 말이다.

새로운 도전을 할 때나 장래성 있는 기회를 붙잡으려 할 때는 높은 수준의 협상 기술이 필요하다. 특히 오늘날에는 몇 가지 중요한 환경 변화가 협상력의 중요성을 새삼 부각시키고 있다.

2000년 6월 15일, 김대중 대통령이 평양 공항에 내려 김정일 국방위원장과 웃으며 악수하고 포옹하는 장면이 전 세계로 타전되었다. 김일성 김정일 부자를 '악마'로만 알고 살았던 우리는 물론, 외국인들도 그 장면을 숨죽이며 지켜보았다. 그 역사적인 방북의 결과물이 '6·15 남북 공동선언'이다.

50년 넘게 이어져 오던 분단과 적개심의 역사를 화해와 협력의 패러다임으로 바꾼 것은 다름 아닌 김대중 대통령의 부드러우면서도 저돌적인 협상력이었다는 것이 국내외 외교전문가들의 중론이다. 또한 이 역사적 사건은, '악마'와도 합의를 끌어낼 수 있다면 합의하지 못할 사람이란 이 세상에 존재하지 않는다는 교훈을 주었다. 냉전 이후의 세계는 그 어느 시대보다 협상력을 절실히 요구하고 있다.

지금 박근혜 대통령은 핵무기와 미사일을 앞세우며 '미치광이 전략(Madman Strategy)'을 구사하는 북한 김정은 정권을 다뤄야 한다. 북한의 개성공단 폐쇄 위협에 시한을 못 박아 대화를 압박하고, 이튿날 개성공단 철수를 지시한 박대통령의 단호한 모습은 과거 김대중 대통령과는 전혀 다른 협상스타일이지만 고수의 풍모가 엿보이는 것만은 틀림없다.

합의보다 합의 이후가 더 중요해

글로벌 이코노미의 중심이 제조업에서 서비스업으로 변화한 지 오래다. 이미 세계 시장에서 서비스업이 창출하는 부가가치는 상상을 초월할만한 규모다. 현재 우리나라도 의료, 법률 등 서비스 시장의 개방에 매우 민감하게 반응하고 있고, 한미 FTA의 협상 과정에서도 서비스업의 개방 문제가 매우 중요한 이슈로 다루어진 바 있다.
 비즈니스에서 일반적으로 제조업은 가격 중심, 서비스업은 질(質) 중심으로 협상이 진행된다. 서비스 분야의 협상에서는 가격을 아무리 잘 받아도 나쁜 계약을 할 때가 종종 있다. 특히 서비스업은 거래 항목이 많고 항목별 가격도 애매하며 눈에는 잘 안 보이는 요소를 다루기 때문에 거래에 있어 특히 질적 협상력이 요구되는 것이다.
 더욱이 우리나라 사람들은 '서비스는 공짜'라는 그릇된 인식을 갖고 있다. 이런 인식을 가지고 협상에 나설 경우 외국인들은 당황하게 된다. 예컨대 서구인들은 장비 하나를 팔면서도 트레이닝 비용을 별도로 요구한다. 하지만 우리나라 사람들은 트레이닝 비용은 당연히 공짜라고 생각한다.
 시장이 지구촌 단위로 통폐합되고 제조업보다는 서비스업의 부가가치가 더욱 중시되는 오늘날의 국제 비즈니스 환경에서 이러한 인식은 글로벌 스탠더드와 상당한 거리가 있다. '서비스는 공짜'라고 생각하는 사람들이 서비스 상품을 제대로 팔 수는 없을 것이다.
 IMF 금융위기 전후로 위기에 처하게 된 국내 자동차업체 D사가 미국 자동차업체 G사의 계열사가 되기 전, 다른 미국 굴지의 자동차업체인 F사가 먼저 70억 달러(약 7조 2,000억 원)에 D사를 매입하고 싶다는 제안을 한 적이 있다. 미국 빅3에 속하는 글로벌 컴퍼니가 공개적으로 인수제안을 한 것이다.
 그런데 한국을 방문한 F사의 실사팀은 한 달도 되지 않아 애초의 제안을 철회하고 돌아갔다. 국제적으로 공언한 약속을 지키지 않았던 것이다. 이때 D사는 F사의 도덕적 결함에 대해 항의했지만 붙잡을 수는 없었다. 합의문에 '위약금 조항'을 넣어두지 않았기 때문이었다.

협상에서는 합의보다 합의 이후가 더 중요할 때가 많다. 그런데 위약금 조항을 두지 않고 합의했다는 것은, 실사해 본 뒤에 마음에 들지 않으면 아무 때나 돌아가도 좋다는 메시지나 다를 바 없다.

결과적으로는 아무 상관도 없는 외국기업이 실사를 통해 글로벌 경쟁사(결국 G사가 인수했으므로) 내부 정보를 속속들이 들여다보고 돌아간 셈이다. 국익을 생각할 때 여간 심각한 문제가 아닐 수 없다. 결국 D사는 터무니없이 낮은 금액에 미국의 G사에 인수되었다. 계약서에서 '위약금 조약'을 빼먹은 바람에 실기하여 놓친 금액이 자그마치 수십 억 달러에 달한 것이다.

이렇듯 거래 규모가 대형화된 오늘날의 글로벌 경제시스템 안에서는 단 한 번의 협상 실패가 한 기업의 문제만이 아니라 국가 경제적인 차원의 문제가 될 수도 있다.

수년 전 국내의 대형통신사 A사가 세계 최대 OS 소프트웨어 회사인 M사와 계약을 하게 되었다. 알다시피 한국은 세계에서도 알아주는 IT강국이다. 당연히 IT 사용자 수도 많다. 따라서 어떤 소프트웨어 업체가 새로운 아이템이나 기능을 개발하여 테스트 마케팅을 하기에 한국만큼 안성맞춤인 곳은 없다. 이것이 A사가 협상을 할 때 처음부터 염두에 두었어야 할 기본적인 전제다.

예를 들어, 소프트웨어 업체 M사가 새로운 아이템과 기능의 사용비로 건당 5달러를 원한다면, 협상테이블에서 국내 업체 A사의 목표는 최소한 사용비를 내지 않는 것이 되어야 한다. 한국이라는 시장이 테스트 마케팅을 하기에 매우 매력적이기 때문이다. 좀 더 전략적으로 나간다면 오히려 그들에게 사용비를 요구하는 입장을 취할 수도 있었을 것이다.

실제 협상 결과는 어떻게 되었을까?

국내 통신사 A사는 "우리는 못 준다."로 시작했다. 한쪽에서는 "5달러를 내라.", 다른 쪽에서는 "못 준다."로 시작된 협상이다. 타결이 될 경우 한국의 A사는 단 몇 달러라도 내야 할 상황이 만들어진 것이다. 이는 명백한 초기 대응 실패가 부른 협상의 실패다.

A사가 돈을 한 푼도 주지 않으려면 어떻게 해야 했을까?

"사용료를 내라니 무슨 소린가. 귀사의 신제품은 테스트 마케팅을 해야 할 필요가 있으니 우리에게 건당 3달러를 지불하라. 리스크도 우리가 떠안고 가야 하지 않는가."라고 버티면서 협상을 시작해야 했다. 여기서 1~2달러 차이를 우습게 여기면 안 된다. 사용자 수를 곱하면 그 액수는 엄청난 규모가 되기 때문이다.

'5대 95'인
'슈퍼 파레토'의 법칙

국내의 대형 유통업체 B사에서 일하는 바이어는 300여 명. 그들이 취급하는 계약 액수는 연간 약 수조 원이다. 이토록 큰 액수를 주무르는 그들이 본격적으로 협상력에 대해 학습한지는 불과 몇 년 밖에 되지 않았다.

그런데 B사가 필자에게 요구한 첫 번째 강의 내용은 협상력에 관한 것이 아니라 상담 예절에 관한 것이었다. 깎기는 깎되 상대방의 화를 돋우지 않는 방법을 가르쳐달라는 것이었다. 그래서 필자가 B사의 교육담당자에게 협상력 교육의 필요성을 이해시킨 논리는 다음과 같았다.

"1년에 귀사가 다루는 계약 액수가 수조 원입니다. 적합한 전문가에게 바이어들에 대한 교육을 맡겨 클라이언트와의 기존 이해관계를 침해하지 않으면서도 0.1%의 디스카운트 능력을 향상시켰다고 생각해 봅시다. 게다가 장기적으로도 좋은 사업적 관계를 유지하면서 말이죠. 그러면 귀사는 1년에 약 수십 억 원을 벌게 됩니다. 경상이익이 1원도 안 나는 법인이 수두룩한 나라에서, 바이어들 교육 좀 시켜 연간 수십 억 원의 순이익을 낼 수 있다면 해볼 만한 투자가 아닐까요?"

20%의 핵심 상품과 역량이 전체 성과의 80%에 기여한다는 파레토의 법칙, 즉 '20:80의 법칙'은 물론 절대적인 자연법칙이 아니다. 하지만 이는 실제로 적용범위가 매우 넓은 개념이다. 사회나 기업 안의 여러 부문이나 프로세스 속에서는 물론, 개인의 역량이나 생산성에도 이 법칙이 적용된다.

최근 VVIP마케팅 업계에서는 '20:80'이 아니라 '5:95'의 '슈퍼 파레토의 법칙'이 적용되고 있다는 분석도 있다. 초고액 자산가 한 명만 고객으로 유치하면 한 지점, 한 회사가 먹고살 수도 있다는 얘기다.

'핵심 역량이 전체 성과에 결정적인 영향을 줄 수 있는 가장 중요한 요소'라는 파레토의 법칙에 따르면, 대외 접촉이 빈번한 비즈니스맨들에게 있어서 가장 중요한 핵심 역량은 다름 아닌 '협상력'이다.

IMF 금융위기가 던져준 협상의 교훈

IMF 금융위기는 우리나라에 겨울철 칼바람과도 같은 혹독한 시련이었다. 하지만 이 시련기는 우리의 경제 구조를 보호주의에 기초한 개발 중심의 형태에서 '신자유주의'와 '세계화'라는 두 가지 틀로 대폭 개편함으로써 '글로벌 스탠더드'와 '국제 경쟁력'이라는 새로운 화두를 고민하게 만들기도 했다.

특히 외환위기 이후 외국자본이 한국 주식시장에서 차지하는 비중이 높아짐에 따라 외국자본의 한국기업에 대한 M&A 가능성이 갈수록 높아지고 있는 추세다. 반대로 국내기업들이 현지화, 사업 다각화, 기술 확보 등의 전략적 판단에 따라 외국계 기업의 인수에 나서는 사례도 갈수록 늘고 있다.

글로벌 경제 시스템은 시장의 국경을 무너뜨리는 데 그치지 않고 기업의 국적마저 모호하게 만들고 있다. 자신의 회사를 하나의 상품으로 포장하고 홍보해야 하는 경우도 생기고, 반대로 타 업체를 하나의 상품으로 간주해야 하는 비즈니스 상황도 흔히 발생하고 있다.

한편, IMF 외환위기 이후 국내기업들 사이에서는 활발한 또는 혹독한 구조조정이 줄을 이었다. 특히 그동안 정부의 보호 아래 문어발식 확장만을 거듭해온 대기업들이 다운사이징에 들어가 대대적으로 고용 인력을 줄이는 한편, 비관련 다각화 전략을 폐기하며 많은 사업부문을 분사(分社)시키는 사례가 많았다. 분사 업체의 입장에서는 모기업의 인원과 사업부문이 그대로 연결되므로 창업을 하자마자 노하우와 거래처를 동시에 확보할 수 있다는 장점이 있다.

그런데 우리나라는 '갑을(甲乙)의 문화', 즉 을은 갑의 요구에 무조건 응할 뿐 아무것도 요구할 수는 없는 풍토가 오래전부터 자리 잡고 있다. 이 때문에 경영 압박을 받는 중소업체들이 갈수록 늘어나게 된다. 사정이 그렇다보니, 요즘에는 처음 분사할 때 본사와 맺었던 일방적인 계약 조건을 뒤늦게라도 수정하여 요구할 것은 분명히 요구하겠다는 태도가 강해졌다.

이렇듯 국내외 가릴 것 없이 기업과 기업 간에 다양한 형태의 거래와 접촉이 갈수록 늘어나고 있는 데 비해 우리의 협상 수준은 제자리걸음이다.

우리에게 시급히 필요한 것은 '윈-윈 협상'에 대한 이해와 적응이다. '윈-윈 협상'이란 장기적 파트너십을 통해 상호 호혜의 가치를 추구하는 개념이다. 실제로 단 한 차례의 계약이나 협상에서 양자에게 모두 완벽하게 만족스러운 결과를 만들어 낼 수는 없다. 당장은 아쉬운 부분이 있더라도 장기적인 파트너십을 통해 약점을 보완하고 이익으로 전환해가는 '과정' 그 자체가 바로 윈-윈 관계다. 산술적인 이익 뿐 아니라 '나는 이익을 얻고 상대에게는 기쁨을 주는 것' 또한 바람직한 윈–윈의 형태라 할 수 있겠다.

특히 최근 들어 '윤리 경영'이 단순한 도덕적 추구를 넘어 글로벌 기업의 생존을 위한 필수불가결한 요소로 간주되는 경향이 있다. 기업과 기업, 기업과 고객 간에 윈–윈 파트너십을 형성하는 것이 매우 중요한 경영 목표가 되고 있다. 상생의 파트너십을 만들어 내기 위한 전제 조건이 합리적이고 전문적인 협상기술임은 두말할 나위가 없다.

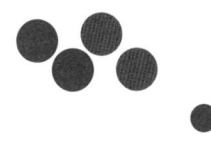

SECRET 02

협상은 돈이다

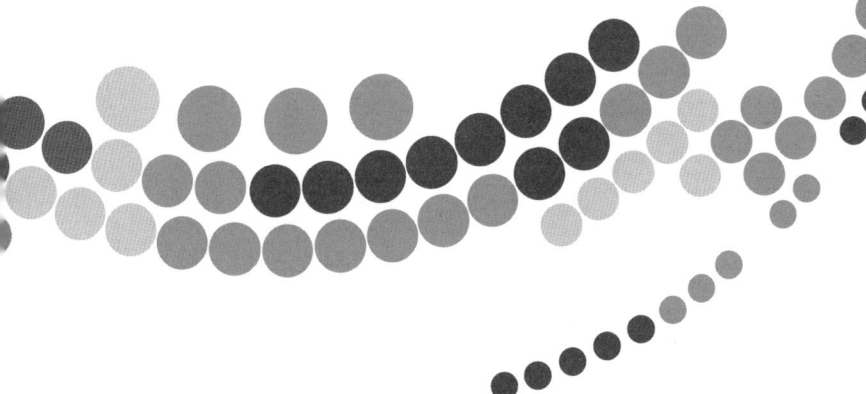

"Time is money"는 협상 격언이라 할 수 있다.
협상에서는 시간이 많은 사람이
항상 많은 것을 얻게 되어 있다.
왜냐하면 시간을 많이 갖고 있는 사람은
협상에서 사용할 옵션을 다양하게 준비할 수 있고
또 자신에게 유리한 시간을 선택해서
협상할 수 있기 때문이다.

흔히 발견할 수 있는 '협상 포기자'들

"연봉 5,000만 원을 받는 샐러리맨이 1년에 얼마나 저축할 수 있을까?" 거의 생존 수준의 생활만 유지하는 짠돌이가 아닌 이상 1,000만 원 모으기가 쉽지 않을 것이다. 이 정도 연봉이라면 웬만한 기업의 대리나 과장급 정도 될 터이니 가정도 가졌을 것이고, 차도 한 대 굴릴 것으로 예상된다. 기름 값에, 은행 대출이자에, 아이들 양육비에, 통신비까지 매달 들어갈 돈이 많으니 저축할 엄두도 못 내는 것이 보통이다.

그렇다면 인생을 살아가면서 누구나 집을 몇 번 사거나 팔거나 할 텐데 이 경우 협상을 잘하면 얼마나 벌 수 있을까? 가늠하기도 어려울 정도의 큰 금액이 왔다 갔다 하지 않을까? 그런데 이처럼 중요한 협상에서 당신은 그동안 얼마나 진지하고 신중하게 임했는지 한번 돌아보기 바란다.

협상 세미나를 하면서 흔히 접하는 일이 참석자 중에 "이 세미나에 조금만 일찍 참가했더라면…." "협상을 조금만 일찍 배웠더라면…." 하면서 지금은 어쩔 수 없는 과거의 실패한 협상 경험을 떠올리면서 괴로워하는 청중을 만나는 일이다.

"오늘 조건 좋은 아파트가 매물로 나왔다고 부동산에서 연락이 왔는데 자기가 가서 마음에 들면 계약해요. 난 오늘 당직이라서 야근해야 돼."

"알았어. 나중에 전화할께요."

우리 주변에 보면 수천 만 원이 왔다 갔다 하는 아파트 매매 현장에 아내만 보내놓고 자신은 수수방관하는 직장인들이 의외로 많다. 정말 신중하게 협상해야 할 일이지만 직장일을 핑계 삼아 쉽게 처리해 버리는 것이다. 그리고 나중에 같은 아파트를 나보다 좋은 조건에 산 사람이 나타나면 극도의 후회를 하고 부부싸움까지 하는 것이다. 물론 그 대단한(?) 직장 일을 핑계 삼아서 말이다.

가슴에 손을 얹고 과거를 회상해보면 이 땅의 많은 직장인들은 이 같은 무모한 '짓'을 아무런 생각도 가책도 없이 저질렀을 것이다. 직장 생활 몇 년을 해도 모을까 말까 한 거액이 오가는 자리에 아내만 보내놓고도 무신경했던 '협상 포기자'들이 바로 우리들의 모습이다.

분명히 말한다. "협상은 돈"이다.

살면서 "시간은 돈"이라는 말은 수 없이 들었을 것이다. 시간은 귀중하며, 그 자체가 가치라는 것이다. 그런데 협상을 할 때 이렇게 귀중한 시간을 사용하는 것은 무엇 때문일까?

협상도 돈이기 때문이다. 성공적인 협상을 이끌어내면 돈 그 자체를 얻거나 돈으로 환산할 수 있는 다른 가치를 얻어낼 수 있다.

누구나 타결 짓고 싶지 않은 협상이나, 성공해도 얻을 게 없는 협상에는 귀중한 시간을 낭비하지 않는 법이다. 협상도 일종의 투자다. 투자자는 반드시 회수를 바란다. 따라서 협상에 시간을 많이 들이면 들일수록 거래를 성사시키고 싶은 법이다.

상대의 '시간'을 빼앗아라

"Time is money"는 협상 격언이라 할 수 있다. 협상에서는 시간이 많은 사람이 항상 많은 것을 얻게 되어 있다. 왜냐하면 시간을 많이 갖고 있는 사람은 협상에서 사용할 옵션을 다양하게 준비할 수 있고 또 자신에게 유리한 시간을 선택해서 협상할 수 있기 때문이다. 즉 국가 간의 협상이든 비즈니스 협상이든 일상의 부동산 거래든 시간 여유가 있는 쪽이 항상 얻는 것이 많은 것이다.

이렇듯 시간이 돈이라는 관념 때문에 협상에서 시간을 많이 투자한 사람은 비용을 투자한 것과 다름없으므로 투자한 시간과 비례하여 협상타결에 집착하게 되는 것이다.

예를 들어 양복을 사러 백화점에 가서 점원이 권하고 입혀주는 대로 옷을 입게 되면 점원 입장에서는 양복 한 벌을 팔기 위해 한 시간 가까이 시간을 투자한 셈이 되고, 그렇게 되면 반드시 판매를 성사시켜야 한다는 조바심이 나는 것이다. 그렇게 점원이 시간을 충분히 투자하게 한 뒤 "이 양복을 사면 넥타이는 덤으로 하나 주실 수 있죠?" 하고 요구하면 아마도 얻어낼 확률이 상당히 높을 것이다. 벌써 이 고객에게 한 시간 가까이 투자했는데 판매가 안 되면 상당한 손해를 본 느낌이 들기 때문이다. 매월 진행하는 ㈜위캔의 협상세미나에서 우리는 "상대가 나에게 시간과 노력과 비용을 투자하게 하라."를 협상성공의 중요한 원칙 중의 하나로 가르치고 있다.

예를 들어 중고차를 사러 갈 경우에 이 원칙을 활용한다고 해보자. 이 원칙의 가장 중요한 포인트는 '거래의사는 보이되 결정은 신중히 하라'이다. 즉 쉽게 결정하지 말고 중고차 영업사원이 나에게 시간을 써서 설명하도록 공감해주면서 시간을 끄는 것이다.

자신이 원하는 차종과 가격을 마음속에 숨겨놓고 어떤 차가 좋은지, 성능은 어떠한지, 요즘 유행하는 색상은 어떤 것인지, 사고 난 적은 없는지, 차 주인은 몇 명 거쳤는지 등을 물으며 상대의 시간을 빼앗는 것이다. 이렇게 1시간쯤 영업사원이 설명하는데 시간을 투자하게 한 뒤 자신이 원하는 차를 가리키며 "이 차가 정말 마음에 드는데, 1,200만 원에 주실 수 있을까요?"라고 말해 보라. 그 영업사원은 나를 위해 귀중한 시간을 이미 1시간이나 써버린 상황이니 만약 판매가 안 되면 상당한 심리적 박탈감을 갖게 되므로 웬만하면 거래를 성사시키는 쪽으로 성의를 보일 것이다. 아마 "그럼 1,250만 원까지는 맞춰드리죠."라며 수정된 금액을 제시할 가능성이 높을 것이다.

협상에 시간과 비용과 노력을 투자한 사람은 어떻게든 거래를 성사시키고 싶은 심리가 작동하기 마련이다. 만일 이 고객을 놓친다면 다른 고객과 처음부터 다시 그 지루한 협상을 시작해야 하기 때문에 이익이 다소 줄어들더라도 그 협상을 끝내고 싶은 것이다.

상대가 시간을 투자하게끔 해야 하는 것은 회사 간 협상에서도 마찬가지다.

상대를 내 회사 회의실로 끌어들여 협상하는 것이 유리할까, 아니면 내가 상대 회사로 찾아가는 편이 유리할까? 가능하다면 상대를 내 회사로 끌어들이는 편이 훨씬 유리하다. 회사 회의실이 아니면 인근의 커피숍도 상관없다.

특히 적대적 협상에서는 상대를 내 영역으로 불러들이는 것이 효과적이다. 외국기업과 협상할 때 상대가 한국에서 며칠간 머문다는 것은 그만큼의 시간을 이미 투자한 셈이다. 빈 손으로 돌아간다면 분명 손해 봤다는 생각이 들 것이기 때문에 협상이 성사될 확률이 높아진다. 상대는 귀중한 시간을 투자했기 때문에 이쪽에서 돈을 들여 정성껏 접대한다 해도 결코 손해 볼 일이 아니다.

찾아온 상대를 맞이하는 나는 불과 몇 분 전까지 일상적인 업무를 보고 있었다. 협상을 위해 낭비한 시간은 없다. 속으로 나는 이렇게 외친다.

'상대가 세게 나오면 협상을 접으면 된다. 나는 시간을 별로 투자하지 않았으니 손해 볼 일이 없다. 협상은 다음날 하면 된다.'

시간을 덜 투자한 측은 유리한 고지를 차지할 수 있다. 불리한 양보를 감수하면서까지 협상을 서둘러야 할 아무런 이유가 없는 것이다. 협상을 어디에서 시작하는가에 따라 출발부터 양자의 자세에는 차이가 난다. 이러한 사실을 미리 안다면 협상을 유리하게 이끌어 나갈 수가 있다.

 협상에는 분명 방법과 기술, 순서가 있다. 어떤 경우에는 원하는 조건을 먼저 제시하는 것이 유리할 수 있지만 어떤 경우는 상대의 제안을 보고 입장을 취하는 것이 유리할 수도 있는 것이다. 앞서의 중고차 거래는 후자가 더 유리한 경우인데, 이 책을 통해 독자들께서는 다양한 협상의 원칙을 배우되 어떤 순서로 어떤 상황에서 어떤 원칙을 적용하여 결과를 유리하게 만드는 지에 대한 방법과 기술을 배우게 될 것이다.

류현진의 배짱이 통한 LA다저스와의 협상

 "협상은 돈"이라는 사실을 생생하게 보여준 가장 최근의 사례로는 LA다저스 유니폼을 입은 괴물투수 류현진의 연봉협상을 들 수 있다. 그는 LA다저스와 6년 간 무려 3,600만 달러의 대형 계약을 성사시켰다. 그런데 그 과정이 극적이다.

 류현진은 2012년 12월 27일 강호동이 진행하는 MBC-TV 〈황금어장 무릎팍 도사〉에 출연해 피 말리는 연봉 협상의 숨겨진 비화를 공개했다.

 협상을 위해 미국으로 날아간 류현진은 협상 기간 30일 동안 아무 일도 안하고 버티다가 마지막 날 극적인 타결을 보았다. 그것도 하루가 아닌 불과 2시간이 협상의 클라이맥스였다고 한다.

그는 자신의 실력에 대해 확신을 갖고 가치를 평가받고자 했다. 협상의 자리에서 상품의 가치나 몸값은 그저 주장한다고 받아들여지는 것은 아니다. 객관적이고 수치화된 자료가 필요하다. 류현진은 데뷔 이후 7년 간 신인왕, 골든글러브, 올림픽 금메달 등 눈부신 성적을 기록하였으며, 이는 객관적인 자료로 정리할 수 있었다.

국제적인 협상에서는 전문가의 도움이 반드시 필요하다. 류현진은 미국 메이저리그에서 협상의 고수로 알려진 스캇 보라스와 에이전트 계약을 맺고 일찌감치 현지로 건너가 LA다저스와의 협상 준비를 시작했다. 준비 없이 협상에 임한다는 것은 협상을 포기하자는 것이나 다름 없다. 류현진이 에이전트와 함께 살펴본 것은 메이저리그의 연봉 수준과 연봉 인상률, 그 밖의 조건들이었다. 정보가 있으면 협상에서 나의 좌표를 정확히 설정할 수 있기에 실수의 확률을 현저하게 줄일 수 있다.

캄캄한 어둠 속에서 비춰지는 한 줄기 불빛이 가장 밝은 법. 류현진의 연봉 협상은 막판까지 한 치 앞을 예측할 수 없는 어둠의 기나긴 터널 속이었다. 온갖 거물 선수들과 협상을 벌여온 LA다저스 구단이 쉽게 계약서에 사인할 리가 만무했다. 마치 제시한 협상안을 받아들이지 않으면 계약을 포기할 듯 강한 태도로 일관하던 LA다저스에 대해 류현진은 조금도 당황하지 않고 맞섰다. 물론 속으로야 애가 탔겠지만 적어도 겉으로는 당당했다.

'내가 꼭 필요한 선수라면 돈을 더 지불해도 붙잡을 거야.'

류현진은 속으로 이렇게 생각하며 침착함과 배짱을 잃지 않았다. LA다저스에서 마지막에 제시한 3,000만 달러는 얼른 손을 내밀고 싶은 달콤한 제안이었다. 그러나 류현진은 끝까지 버텼다. 자신이 설정한 몸값 3,600만 달러를 관철시키기 위해 입술을 깨물었다. 좋은 선수를 영입하기 위해 '실탄'을 충분히 갖추고 있는 LA다저스가 고작(?) 600만 달러 때문에 류현진을 잃을 수는 없었다. 결국 마지막 2시간을 남겨두고 연봉 협상은 타결됐다.

그러나 '협상의 고수' LA다저스가 순순히 돈을 지불할 리는 없었다. 그들은 협상 종료 10분 전에 '기대만큼의 성적이 나오지 않을 경우 마이너리그로 강등할 수 있다'는 조항을 내세웠다. 이 조항에 대해서도 류현진은 단호하게 거부했다. 협상 종료 5분 전. LA다저스도 완강했다. 다른 모든 선수들이 받아들이고 있는 마이너리그 강등 조항을 결코 포기할 수 없다는 주장이었다. 그러나 협상 종료 1분 전에 LA다저스는 손을 들었다. 류현진의 승리였다. 계약서에서 마이너리그 강등 조약을 삭제한 것은 류현진이 최초였다.

그러나 착각해서는 안 된다. 협상에서 류현진같은 경우는 매우 드물다. 상대에게 내세울만한 확실한 실력이나 가치가 있을 경우에만 배짱을 부려야 한다.

몇 해 전 필자의 친구인 한 중견기업의 대표로부터 들었던 협상 하수의 얘기를 들어보자. 문제의 협상 하수는 그 중견기업의 본사 직원이었는데, 작은 계열사로 발령이 나 잔뜩 열이 올라있었다. 그는 발령받은 날 대표인 그 친구에게 찾아와 대뜸 연봉을 올려달라는 요청을 한 모양이었다.

"왜 연봉을 올려달라는 것입니까?"

"전에 있던 조직에서 나름대로 최선을 다했고, 성과도 올렸다고 생각합니다. 집에서도 제가 인정받는 직원이라고 믿고 있는데 작은 계열사로 발령이 났다는 것을 어떻게 설명해야 할지 모르겠습니다. 급여를 조금만 올려주시면 집에 이야기할 명분이 생길 것 같습니다. 부탁합니다."

직원은 간곡하게 사정을 설명하였다.

물론 그 직원의 입장이 전혀 이해되지 않는 것은 아니었다. 흔히 규모가 큰 조직에서 작은 조직으로 발령이 나면 좌천당했다고 생각하는 경향이 있기 때문이다.

더 열심히 일한다는 조건으로 친구는 그 직원의 요청을 수용해주긴 했지만, 결론적으로 말하면 그 친구 입장에서는 손해 보는 협상이었다. 일을 시작하기도 전에 연봉 협상부터 시작한 직원에 대해 높은 인사 평점을 줄 수는 없는 게 경영자 대부분의 마음일 것이다.

협상에는 순서가 정말 중요하다. 만일 그 직원이 새로 발령이 난 직장에서 열심히 일해 성과를 낸 다음 연봉 인상 이야기를 꺼냈다면 상황은 달라졌을 것이다. 계산에 밝은 경영자가 가치 있는 직원에게 연봉을 올려주는 것을 주저하겠는가.

연봉을 협상할 때에는 제시받은 금액이 자신이 생각한 연봉 인상액에 못 미친다고 해서 지나치게 돈에 매달리는 듯한 인상을 줘서는 안 된다. 회사는 올해만 다니는 곳이 아니기 때문이다. 이번에는 다소 불만족스럽더라도 성과급이나 진급 등 다른 보상을 노리는 것이 현명하다. 돈을 조금 더 받아내겠다고 상대의 얼굴을 붉히게 만드는 것은 '협상의 하수'들이나 하는 짓이다.

협상력 덕분에 더욱 올라간
'월드스타' 싸이의 몸값

2002년 일본에서 욘사마 열풍을 불러일으켰던 〈겨울연가〉는 잘 만든 드라마 하나가 협상 결과에 따라 얼마나 많은 부가가치를 창출하는지를 보여준 대표적인 사례다.

당시 한 경제연구원은 관광 수입과 앨범판매 수입, 방영권 수입 등을 합해 약 3조 원의 경제적 효과를 올렸다고 추산했다. 치밀한 사전 전략과 협상없이 그저 드라마 방영권만 일본 방송국에 넘겼다면 그 결과는 어떻게 되었을까?

이제는 한류를 대표하는 관광명소가 된 경기도 양주의 MBC 〈대장금〉 세트에 다녀간 중국 관광객만도 벌써 10만 명이다. 우리는 단순히 드라마 하나를 만들었을 뿐이지만 방영판권과 관련하여 여러 나라와 협상을 벌이고 있고, 이에 더해 아시아 각국에서 캐릭터 사업까지 벌이고 있음을 염두에 두면 예상되는 그 부가가치에 절로 배가 부르다.

어디 〈대장금〉 뿐이랴. 얼마 전 국내에서 폭발적인 흥행을 이끌었던 KBS 드라마 〈추노〉는 이미 10여 개국에 수출하여 300만 달러(약 33억 6,300만 원) 이상의 수입을 올리고 있는 중이며, 여기에 인터넷주문형비디오(VOD)와 IPTV 판매 수익까지 합치면 총매출 200억 원을 상회할 전망이다.

미국 시사주간지 〈TIME〉이 선정한 '세계에서 가장 영향력 있는 100인'에 우리나라의 가수 비와 피겨스타 김연아가 상위권에 랭크

된 것으로도 알 수 있듯 이제 우리나라의 스타는 바야흐로 글로벌 스타로도 거듭난다.

경제 분야에서도 마찬가지다. 국내시장에서 경쟁력 있는 기술이나 제품 하나만 개발하면 세계 모두의 관심을 끌게 된다. 우리에게 양과 질의 준비는 이미 끝나 있는 셈이다. 이제 남은 과제는 그 훌륭한 상품들을 들고 국제무대에 나가 성공적으로 협상하는 것뿐이다. 국가위상과 국가경쟁력이 높아질수록 협상력은 그 성패와 성과에 엄청난 영향을 주게 된다.

전 세계에 〈강남스타일〉 열풍을 불러일으킨 데 이어 〈젠틀맨〉으로 대박 신화를 다시 쓰고 있는 싸이는 일회성 반짝 스타가 아닌 명실상부한 국제적 스타로 우뚝 섰다. 세계 최대의 전자상거래 사이트 이베이에는 싸이의 앨범뿐만 아니라 싸이 특유의 캐릭터가 그려진 다양한 상품들이 올라와 있다. 특히 친필 사인이 들어간 물건들은 온라인 경매 시장에서 많게는 400달러까지 높은 가격에 거래되고 있다. 올해 12조 원에 달할 것으로 추산되는 K-POP 등 한류의 경제적 유발효과는 싸이 열풍으로 더 커질 것이란 전망이다.

광고업계에 따르면, 현재 싸이가 받는 몸값은 6개월 단발 계약 CF에 최소 3억 원에서 최대 7억 원에 이른다. 정확한 금액은 알 수 없지만 지금까지 싸이가 벌어들인 광고 수입만 해도 100억 원대에 육박할 것으로 보인다. 여기에 공연 수익과 해외 매니지먼트 계약금 등을 합칠 경우 싸이의 몸값은 가히 '걸어 다니는 기업'이라 할 만큼 엄청날 것이다.

이런 싸이의 비싼 몸값도 그동안의 한류 열풍 속에서 갈고 닦은

연예 엔터테인먼트업계의 높아진 국제적 협상력 덕분에 가능한 일이라고 말할 수 있다.

SECRET 03

한국인은 왜 **협상을** 즐기지 못할까?

협상할 때는 상대의 필요조건이 무엇인지
정확하게 파악할 필요가 있다.
상대의 조건을 파악하기 위해서는
상대와 만나야 한다.
상대와 얼굴을 마주하고 대화를 나누는
용기가 필요하다.

협상전문가와 관료가 싸우면
누가 이길까?

'캠프 데이비드의 선물'로 명명된 미국산 쇠고기의 수입허용 문제로 2009년 초의 한미 FTA 협상은 시작도 하기 전에 일부 시민들의 거센 반발에 직면했다. 아닌 게 아니라 이후의 협상 과정은 미국 측의 일방적 요구에 우리 협상단이 수동적으로 끌려 다닌다는 인상을 주기에 충분했다.

김정일 사망 이후 김정은 세습 정권이 들어선 북한에서 장거리 미사일과 핵실험을 무기로 국제 사회를 향해 새로운 협상을 강요하고 있다. 협상의 '벼랑 끝 전술'은 그들의 전매특허다. 이 때문에 과거 김대중, 노무현 정권의 대북 화해 정책에 대한 비판의 목소리가 높아지고 있다.

하지만 협상의 관점에서 보면 '6·15 남북 공동성명' 발표와 2000년 남북 정상회담을 기점으로 극한 대결 일변도의 한반도에 화해와 협력의 가능성이 열렸던 것 또한 사실이다. 진보 정권의 대북 정책에 대한 역사적 평가는 여기서 다룰 문제가 아니기 때문에 이

쯤에서 덮기로 한다.

이제 우리 사회에서도 경제·군사적 경쟁력과 더불어 정치·외교적 협상력의 중요성이 새삼 주목받고 있다. 그럼에도 불구하고 우리의 협상 경쟁력은 국제적 수준에 비추어 아직은 열악하다고 할 수밖에 없는 실정이다.

얼마 전 한미 FTA 협상 과정에서 우리 정부가 보여준 시행착오는 우리나라의 협상력 수준이 어느 정도인지를 선명하게 보여준 사례였다. 특히 우리가 '국제법 우선 원칙'을 견지한 데 비해 미국은 '자국법 우선 원칙'을 내내 고수함으로써 협상의 전제부터가 이미 불공정 게임의 가능성을 안고 있었다는 지적이다.

실제로 협상테이블에서 미국은 수시로 "법 개정이 필요한 사안이다." "의회의 인준을 받기 어렵다." 하는 식으로 우리 측의 요구에 대응하며 줄곧 협상의 주도권을 잡아갔다. 협상 쟁점 가운데 50여 개가 미국 측 요구로 이루어졌고, 한국 측 요구는 20여 개에 불과한 것으로 평가되었다.

그 외에도 우리 정부는 미국 측에 자동차 부문 등 그나마 미국 측에 불리했던 항목들에 대한 추가협상, 심지어 장외협상의 여지마저 주고 있다는 비판도 있다.

어째서 우리는 국제협상에 임할 때마다 연전연패하는 것일까? 왜 우리의 협상력은 아직도 열악한 수준에 머물 수밖에 없는 것일까? 이제 그 이유 몇 가지를 짚어보자.

선비가 돈 때문에 협상하는 것은 수치였다

한국 사람들이 협상에 능하지 못한 것은 사농공상(士農工商)의 문화 탓이 크다. 관직에 나간 선비[士]는 대부분 정부의 녹봉으로 생활하는 사람으로, 지금의 공무원에 해당한다. 옛날 사람들은 살아가면서 협상할 필요가 비교적 적은 선비를 가장 귀하게 여겼다. 사농공상은 그 순서대로 협상의 필요성이 많아진다. 장사를 하는 상인에게는 협상력이 목숨줄이었다. 선비 즉 공무원을 가장 중시 여기는 사회였기에 돈을 놓고 협상하는 것 자체를 부끄럽게 여겼다.

우리는 이웃 일본을 '이코노믹 애니멀(경제적 동물)'이라 하여 협상에 능한 민족으로 생각하는데, 사실은 그렇지가 않다. 과거에는 일본 역시 우리와 마찬가지로 사농공상의 문화가 존재했다. 그 맨 꼭대기에 우리의 선비에 해당하는 사무라이(무사) 계급이 위치한다. 사무라이 또한 돈이나 이해관계를 놓고 협상하는 것을 수치스럽게 생각했다.

한국이나 일본은 유럽 여러 나라에 비해 협상력이 현격하게 떨어진다. 그 이유는 앞서 말한 사농공상의 문화 탓이다. 그렇기 때문에 타인과의 협상이 가장 필요한 영업, 내부 사람 간의 협상이 필요한 매니지먼트(관리)와 이해 조정, 사람과의 접촉이 필요한 서비스 분야가 늦게 발달했다.

제조업에 의존하던 산업화 시절에는 협상력에 대한 필요성이 지금보다 덜했다. 그저 싼 임금으로 빨리, 질 좋은 물건만 만들어내면 살 사람이 있었던 것이다. 그러나 선진국 대열에 들어서면 국제 분업이 더욱 가속화되어 농부나 공장 노동자, 수공업장인 등이 설 자리는 점점 줄어든다. 컴퓨터의 발달로 인해 경리, 설계, 편집, 기획 업무도 소수 인원으로 가능하게 되었다. 특히 영업부문에서는 협상의 고수가 되지 않고서는 일자리를 얻기 힘든 시대가 되었다.

비즈니스의 세계에서는 협상테이블에 품질이나 기술의 문제가 반드시 오르내린다. 하지만 언제나 막히는 곳은 '돈 문제'다. "얼마에 팔래?"와 "얼마에 살래?"가 충돌하는 곳이 바로 협상의 자리다.

끈질긴, 그러나 미워할 수 없었던
미국인 중고차 브로커

우리나라 사람들이 협상에 익숙하지 못한 또 다른 이유는 역사 발전 과정에서 구미(歐美)의 다른 나라들에 비해 다른 민족, 다른 집단과 이해조정과 협상을 해본 경험이 적기 때문이다. 우리에 비해 다양한 인종이 모여 사는 미국은 그 역사 속에 이미 협상의 문화가 각인되어 있다. 이해조정의 경험이 풍부한 역사를 가지고 있는 것이다.

HRD(Human Resources Development) 분야에 투신한지 15년쯤 되는 해에 필자는 많이 지치고 또 재충전이 필요해서 2002년 1년 동안 교환교수 자격으로 미국 미네소타에 체류했다. 필자가 미국에 도착해서 가장 먼저 한 일은 통장을 개설하고 중고 자동차를 구입한 일이었다. 광활한 미국 땅에서 생활하고 돌아다니려면 금융거래와 자동차 없이는 거의 불가능하기 때문이다. 유럽산 중형차 한 대를 흥정하는 과정에서 필자는 중고차 브로커를 통해 미국 사람들의 체화된 협상 태도를 피부로 느꼈다.

필자는 중고차 브로커와 무려 5시간 동안이나 가격협상을 진행했는데, 놀라웠던 것은 그 오랜 시간 동안 그가 얼굴 찌푸리는 걸 단 한순간도 보지 못했다는 점이다. 장장 5시간에 걸친 마라톤협상 끝에 약 40만 원을 깎으면서 너무나 끈질겼지만 예의바른 그 미국인 중고차 브로커를 결코 미워할 수 없었다. 그가 상대를 기분 나쁘지 않게 밀고 당기는 협상의 기술에 능했기 때문이다.

우리나라는 오랫동안 단일민족의 정체성을 유지하며 동일한 언어와 문화를 공유해왔고, 이를 바탕으로 매우 구체적인 불문율과 공동체 문화를 형성해왔다. 협상과 토론 이전에 이미 삶과 관계를 규정하는 가치들이 다른 문화권에 비해 상대적으로 더 발달했다는 것이다.

협상은 문화와 역사를 통해 배우는 것이다. 하지만 우리에게는 타인이나 다른 집단과의 치열한 이해 조정을 통해 문제를 해결해본 역사가 별로 없다. 물론 이러한 문화적 특성에는 장단점이 있겠지만, 특히 오늘날과 같은 '협상의 시대'에는 분명한 한계로 작용하고 있다는 점에 유의할 필요가 있다.

"쪽팔리게 돈 이야기는······.
구단에서 알아서 줄겁니다!"

장유유서(長幼有序)와 권위주의 문화도 한국인의 협상력을 떨어뜨리는 데 한몫을 했다. 유교의 한 정신인 장유유서가 꼭 나쁘다는 말은 아니다. 세대 간 연속성을 강화시키는 긍정적인 역할도 있다. 그런데 이 장유유서 문화가 일상적인 인간관계의 영역을 벗어나 비즈니스 현장으로까지 연장되면 문제가 된다. 한국의 비즈니스 현장에 반영된 장유유서의 가치관이 바로 '갑을 문화'다.

우리의 비즈니스 현장에서는 합리적인 토론과 협상의 과정보다는 상명하달에 가까운 일방적인 계약관행이 흔히 목격된다.

일례로, 미국 메이저리그에서 활동했던 P선수와 국내파 야구스타 L선수의 연봉협상에 대한 태도는 매우 상이했다. 메이저리그 P선수의 경우, 기자가 다음해 연봉에 대해 물어보면 분명한 대답을 한다.

"올해는 구속(球速)도 되고 슬라이더도 잘 들어갑니다. 제가 올해 10승 이상을 할 것 같은데, ○○만 달러 정도는 받아도 되지 않을까 생각해요. 구단 측에도 그렇게 이야기해뒀습니다."

이미 여러 해 메이저리그에서 활동하고 있는 P선수는 이른바 '요구해서 받는 미국문화'를 체득하고 있는 것이다. 그런데 동일한 질문을 국내파 L선수에게 던지면 그 대답이 참으로 모호하다.

"마······. 구단에서 알아서 줄 겁니다."

알아서 주고, 주는 대로 받는 게 한국 스포츠계의 협상 문화였다.

앞서 언급했던 메이저리그 P선수의 5년간 연봉은 총 6,500만 달러. 연간 1,300만 달러에 달한다. 스포츠 선수의 연봉은 그 사람의 실력과 잠재력에 대한 평가액이다. 객관적으로 볼 때 P선수의 실력과 잠재력이 매년 130억 원의 가치가 있는지에 대해서는 이의를 가지고 있는 사람도 많을 것이다. 다만 노련한 에이전트의 협상력이 구단으로부터 그만한 액수를 받아낸 것이다. 이처럼 협상력은 그 자체로 엄청난 부가가치다.

"너 몇 살이야,
인마!"

한국 사람들이 문제를 해결하는 과정을 보면 감정적 특성과 비합리성이 두드러진다. 문제의 본질을 벗어난 다른 곳에서 곪아터지는 경우가 많은 것이다.
"그쪽이 먼저 들어오셨죠?"
"아닙니다. 분명히 노란불 보고 들어왔거든요."
"차의 이쪽 부분이 손상된 걸 보면 먼저 들어온 책임이 그쪽에 있지 않겠습니까? 그러면 일단 사진 한 장 찍어둘까요? 다른 차들 먼저 보내고 우리 따로 좀 얘기합시다."
접촉사고가 났을 경우 만약 위와 같은 대화가 진행된다면 5~10분 만에 도로 위의 상황은 종료될 것이다. 그런데 우리나라의 전형적인 교통사고 현장은 다르다. 잘못이 어느 쪽에 있든 일단 다짜고짜 목청부터 높이고 본다. 욕설과 멱살잡이로 이어지는 일도 흔하다. 처음에는 대화하는 듯 보이다가 한 사람이 먼저 인내심을 잃고 감정적으로 돌변하게 되는데, 대체로 그 징후는 "너 몇 살이야 인마!"라는 호통에서부터 나타난다. 그러다보니 사소한 접촉사고에도 러시아워의 도로는 꽉 막히고, 결국은 사고 당사자들이 경찰서에 가서 조서를 쓰고서야 상황이 대충 종료된다. 그리고 그 조서의 항목은 '교통사고'가 아니라 '폭력사건'인 경우도 많다.

이처럼 한국인 특유의 감정적인 성향과 비합리성은 종종 큰 대가를 치르곤 한다. 몇 십만 원으로 합의될 단순한 사건이 몇 백만 원짜리 복잡한 분쟁으로 비화되고 마는 것이다.

협상은 토론이나 경쟁의 자리가 아니기 때문에 상대와 말싸움에서 이기려고 생각해서는 안 된다. 더구나 협상을 위한 대화가 언쟁으로 치달아서는 곤란하다. 감정이 앞서버리면 상대는 당신의 말에 귀를 기울이지 않을 것이다. 어쨌든 침착하고 냉정한 자세를 유지해야 한다. 협상은 이기고 지는 게임이 아니라 가치 있는 것을 손에 넣기 위한 거래라는 사실을 잊지 말아야 한다.

"이봐! 그냥 주고가.
쫀쫀하게 시리!"
:
:
:   체면과 겉치레를 중시하는 남성문화는 '협상 포기자'들을 양산하고 있다. 한국의 남성들은 사소한 협상을 아예 쪽팔리는(?)

일로 여기는 경향이 있다.

 남성과 여성 중 어느 쪽이 더 협상을 잘할까? 단연 여성이다. 특히 한국남자들은 협상을 잘 못하는 정도가 아니라 아예 협상에 저항하는 경향이 있다. 반면 한국여성의 협상능력은 능히 글로벌 수준이다. 남대문시장에만 가 봐도 우리나라 여성들이 나름대로 합리적 전통을 자랑하는 서양 관광객들보다 협상을 더 즐긴다는 것을 알 수 있다.

"아저씨, 이 티셔츠 천 원만 깎아주세요~!"
"아, 아줌마, 그러면 내가 손해 봅니다!"
"에이 아저씨~ 여기 원래 깎는 맛으로 오는 거 아녜요? 저쪽 아저씨는 3,000원 깎아준다는데도 여기로 왔단 말예요."

 그런데 동행한 남자들의 태도가 영 엉뚱하다. 한 푼이라도 더 싸게 사려는 알뜰한 아내를 도와주기는커녕 옆에서 호주머니에 손이나 찌르고 있다가 한다는 소리가 "이봐! 그냥 주고 가! 쫀쫀하게시리!"라는 핀잔이다. 아예 명품이나 사게 돈이나 많이 벌어다 주면 모르겠지만 그러지도 못하면서 협상을 방해하니 결국은 집에 돌아가서 부부싸움을 하기 십상이다.
 대개의 한국남자들은 협상에 적극적으로 참여하거나 협력하기보다는 협상을 귀찮게 여기고 아예 방해하려는 성향을 보인다. 여기에는 '양보가 미덕'이라고 생각하는 '체면 문화'도 작용하고 있을 것이다.

비즈니스 현장에서 강한 상대를 만나 마지못해 약속해주고는 회사에 돌아가서 "그렇게 양보 안 했으면 계약 자체가 안 됐다."고 보고하는 것도 바로 그러한 체면 문화의 소산이다.

TV시사프로 패널들은 '협상 하수 중의 하수'

자신의 견해나 입장을 바꾸는 것을 부끄럽게 생각하는 흑백논리는 소위 지식인이라 자부하는 사람들에게서 자주 발견된다.

협상이란 나[我]와 남[他]이 만나 서로의 입장을 확인하고 그 차이를 좁혀 호혜의 가치를 만들어가는 커뮤니케이션 과정이다. 그런데 한국 사람들의 커뮤니케이션 습관은 다분히 경직되어 있는 편이다. '윈-윈 협상'이 아니라 '윈-루즈 협상'에 길들여져 있다. 일단 한 가지 입장이나 견해를 가지고 커뮤니케이션을 시작하면, 상대방의 설득력 수준이나 논거가 어떠했든 애초의 입장을 무조건 고수하려는 경향을 보인다는 것이다.

TV 시사토론 프로그램에 참석한 패널들의 태도만 봐도 한국 사람들의 이러한 성향은 두드러진다. 토론자들은 대개 상대방의 입장은 무조건 바꾸려고 하면서 자신의 입장은 전혀 바꿀 마음이 없는 것처럼 보인다. 생산적인 결론으로 나아가지 못하고 피차 언성만 높아진 채 토론이 공전하게 되는 이유다. 나는 항상 이겨야 하고, 상대는 항상 져야 직성이 풀리는 시사토론 프로그램 패널들을 보면 짜증과 더불어 한숨이 나온다.

협상에 임하면서 마지막까지 지켜야 할 최소한의 조건이나 최대한 달성해야 할 전략목표가 없어서도 안 되겠지만, 진정한 윈-윈의 결과를 위해서는 상대방이 제시하는 입장과 자료, 정보 등을 충분히 이해하고 나의 의견에 적극적으로 반영하려는 열린 자세가 반드시 필요하다.

경우에 따라 자신의 입장이나 견해를 수정, 보완할 마음이 처음부터 아예 없다면 토론이나 협상에 임할 필요도 없으련만, 한국 사람들은 흔히 자신의 견해나 입장을 수정하는 것을 치명적인 패배이기라도 한 양 분해하고 절개를 꺾은 양 부끄러워한다. 이는 우리의 공교육 시스템이 입시 위주의 주입식 교육에만 매몰되어 합리적인 커뮤니케이션을 훈련하는 체계적 교육을 등한시했기 때문이기도 할 것이다.

오늘날 급변하는 경제 환경 속에서 경제주체들이 갖는 협상력은 국가 경쟁력의 척도가 되고 있다. 기업경쟁력의 측면에서 아웃소싱과 전략적 제휴의 증가 추세가 높은 수준의 협상기술을 필요로 하고 있다. 한편 개인경쟁력의 측면에서 볼 때, 기업 내에서 개인이 낼 수 있는 성과에 가장 많은 영향을 주는 것이 바로 협상력일 수 있다. 대외업무가 많은 직종에 속해 있는 비즈니스맨의 경우라면 더욱 그렇다.

협상에는 상대가 있다. 그 상대와의 이해를 조정하여 새로운 공통의 이익을 창출하는 작업이다. 상대를 완전히 제압하여 일방적인 이익을 얻는 것은 그 순간에는 최대의 성공이라 여겨질지 모르지만 연속성이 없다. 이런 협상을 하고도 기뻐하는 사람은 하수 중의 하수다.

협상을 할 때 가장 마음에 새겨야 할 자세는 윈-윈 해결법이다. 협상을 성공시키기 위한 필요조건이다. 윈은 나의 승리를 의미하지만, 윈-윈은 나의 승리와 상대의 승리를 동시에 노린다. 어떻게 서로에게 이익이 되는 해결책을 찾아낼 것인가가 협상의 핵심이다.

나에게만 이익이 되고 상대에게는 납득되지 않는 결론이라면 합의점을 찾을 수 없다. 협상에 있어서 상대에게 효과 제로인 해결책은 선택해서는 안 된다. 물론 내가 손해를 봐서도 안 되겠지만.

협상할 때는 상대의 필요조건이 무엇인지 정확하게 파악할 필요가 있다. 상대의 조건을 파악하기 위해서는 상대와 만나야 한다. 상대와 얼굴을 마주하고 대화를 나누는 용기가 필요하다.

한국 사람들이 협상은 하지 않고 나이를 들먹이며 싸움하려 드는 것은 진정한 용기가 부족하기 때문은 아닐까. 이기는 것 아니면 지는 것 밖에 모르는 '협상의 하수'들에겐 "지면 안 된다."는 불안 심리가 늘 따라다닌다. '윈-윈 협상법'에 익숙하지 않고 반드시 내게 유리한 해결책만을 마음에 담고 있으면 주저하는 마음이 생겨 상대를 정면으로 마주할 용기가 나지 않을 수 있다.

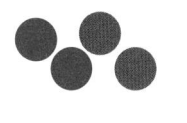

원하는 것이 있으면 협상하라

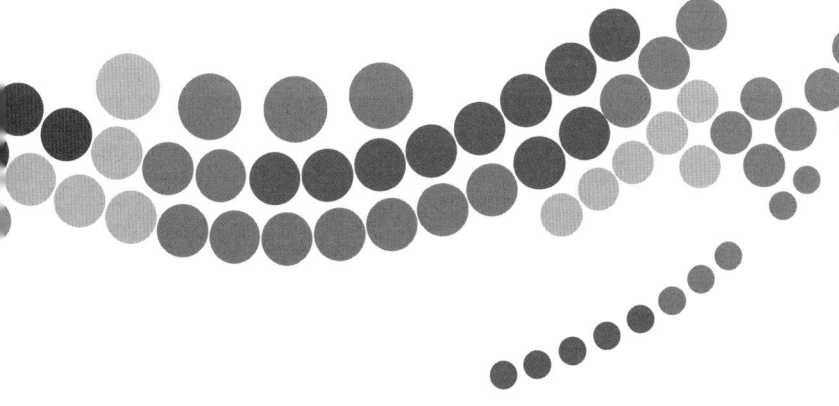

내가 원하는 것은 모두
타인이 컨트롤하고,
타인에 의해 결정된다.
타인이 컨트롤하고 있는 것을
손에 넣기 위해서는 필연적으로
타인과의 의견조정, 즉 협상이 필요하다.

원치 않으면
주지 않는다
:
:
:
　　협상이란, 둘 이상의 의사결정 주체가 의견을 주고받으면서 상충되는 이해관계에 대해 보다 나은 합의를 이끌어내는 과정을 말한다. 여기서 '보다 나은 합의'라는 말의 의미는, 오늘 당장 합의에 이르지 못했다손 치더라도 다음 협상에서는 오늘보다 훨씬 우호적이고 진전된 분위기 속에서 협상을 진행할 수 있도록 상황을 종료한다는 뜻이다.

　실제로 중요한 비즈니스 협상에서 단 한 번의 미팅으로 결론이 나는 경우는 거의 없다. 따라서 이번 협상에서는 지난 미팅 때보다 더욱 진전된 논의를 하는 것이 목표가 된다.

　하버드 협상전략연구소장이자 『YES를 이끌어내는 협상법』의 저자 윌리엄 유리(William Ury)는 협상을 다음과 같이 정의한다.

　"협상이란, 상대로부터 일부는 동의를 얻고 일부는 동의를 얻지 못했을 경우, 그 나머지를 얻기 위한 그 일련의 협의과정이다."

　따라서 일단 누군가와 마주 앉았다면, 협상의 가능성은 몇 백배로 올라간다고 볼 수 있다. 일단 협상테이블에 나왔다는 것은 그 조건에 대해 아직 결정하지 않았을 뿐 거래에는 분명히 관심이 있다는 뜻이기 때문이다.

0에 100을 곱해도 0이지만 1이라는 정수가 되면, 즉 테이블에 앉혀놓기만 하면 나의 노력 여하에 따라 협상이 성사될 가능성은 무궁무진해진다. 여기서 우리가 기억해야 할 협상의 격언이 있다.
"원치 않으면 주지 않는다."
그렇다면 내가 원하는 건 무엇일까? 돈? 명예? 결혼? 넓은 평수의 아파트? 행복한 가정? 건강? 그것이 무엇이든, 내가 원하는 것을 줄 수 있는 주체는 모두 타인이다. 이러한 나의 모든 희망, 니즈, 꿈을 실현시켜줄 수 있는 건 내가 아니라 타인이며 타인과의 관계다.

"여보, 나 차 좀 바꾸고 싶은데······."
"도대체 당신 정신이 있어요? 은행 잔고나 보고 하는 얘기예요? 왜 인생을 매사 그런 식으로 허황되게 살아요?"

"부장님 저도 이제 나이가 마흔인데 과장은 되어야 하지 않겠습니까······."
"이런 답답한 사람 봤나. 자네는 중도 입사한 케이스 아닌가. 게다가 실적도 빤한 사람이······. 안 되는 줄 알면서 자꾸 그런 얘기하면 곤란하지······."

"아가씨, 이거 10%만 깎읍시다."
"안 됩니다. 정찰제거든요."

이처럼 내가 원하는 것은 모두 타인이 컨트롤하고 타인에 의해 결정된다. 타인이 컨트롤하고 있는 것을 손에 넣기 위해서는 필연적으로 타인과의 의견조정, 즉 협상이 필요하다. 그렇다면 협상이란, 내가 원하는 것을 타인이 컨트롤하고 있을 때 그것을 내 손에 넣기 위한 일련의 협의과정이라고 하는 것이 가장 적극적인 정의가 아닐까?

일반적인 매매협상뿐 아니라 다음과 같은 상황에서도 협상은 발생한다.

- 현재 추진 중인 프로젝트의 방향에 관해 상사와 협의할 때
- 상사와 전근일시 혹은 조건에 대해 협의할 때
- 노조(또는 사측)와 근로조건에 대해 협의할 때
- 거래업자로부터 자재나 서비스의 제공을 받을 때
- 승급, 승진에 관해 상사와 협의할 때
- 연구회 일정을 결정할 때
- 자녀가 어느 학교에 진학할 것인지에 관해 가족과 의논할 때
- 백화점에서 뭔가를 사고 싶을 때
- 가족끼리 여름휴가를 어디로 갈 것인지를 결정할 때
- 저녁은 무엇을 먹을지 아내와 의논할 때

이밖에도 수없이 많은 경우가 있을 수 있다.

백화점에서 뭔가를 사고 싶을 때 가격을 협상하는 것이 곤란하다고 생각될지도 모르지만, 이때도 얼마든지 협상은 가능하다. 예컨대 정기세일 직전이나 직후에 세일가격으로 구입하거나 종업원 판매 제도를 이용하여 할인받을 수도 있을 것이다. 그 밖에 배달, 포장 등 가격외적 측면에서도 협상할 수 있는 여지는 얼마든지 있다. 다만 협상을 하려는 용기를 내지 못해 우리는 뻔히 알면서도 손해를 보는 것이다.

한번은 필자가 가족들과 함께 인라인스케이트를 사러 백화점에 간 적이 있다. 백화점에 가기 전에 가격을 알아본 바로는 6만 원 내외면 살 수 있을 듯했다. 그런데 막상 백화점에 갔더니 마음에 드는 물건들이 최소 7만 2,000원부터였다. 예상보다 비쌌던 것이다.

"아가씨, 이거 듣던 거보다 비싸네요. 좀 깎아줄 수 있겠어요?"
"안 됩니다. 백화점은 정찰제라서요."

협상의 하수들은 이 순간에 모든 것을 포기한다. 심지어 "나는 요구해서 되는 일이 없어……."라며 좌절하는 사람도 있다.

하지만 협상의 고수들은 이런 상황이라면 처음부터 "노"를 예상한다. 매장 직원의 단호한 대답에 나는 일단 이렇게 따졌다.

"아니, 백화점이라는 게 세일도 있는 법인데 제값 다 주고 사는 사람은 바보 아닐까요?"

물론 상대도 버텼다.

"죄송하지만 지금은 세일기간이 아니라서요."

사실 그날의 협상 상황은 필자 쪽이 무척 불리했다. 일단 협상이 되려면 물건이 마음에 안 든다는 느낌을 줘야 하련만 아이들이 먼저 인라인스케이트를 신고 왔다갔다 난리가 난 것이다. 여기서 결렬이 되면 애초에 말을 꺼내지 않은 것만 못하니 하는 수 없이 아내를 끌어들였다.

"여보, 할 수 없네……. 가격은 비싸고 아이들은 좋다고 하니……. 나중에 세일할 때 당신이 다시 와서 사지 그래."

그리고 아이들에게 "벗으라!"고 말했다. 아이들은 찡그리며 신발을 벗고, 매장 직원은 약간 당황한 표정이 되었다. 그 순간을 놓치지 않고 다시 협상을 시도했다.

"아가씨, 실은 제가 시간을 내기 좀 어려운 직업이에요. 오늘 마침 시간이 나서 기분 좋게 아이들에게 사주고 싶어 나왔는데, 세일가로 좀 안 될까요?"

잠시 머뭇거리던 매장 직원은 마침내 손을 들었다.

"이 아저씨, 남자분이 정말 대단하시네……. 다음에도 저희 매장 찾아주실 거죠? 그럼 고객카드나 하나 작성해 주세요." 하더니 계산대에서 계산을 해왔다.

나중에 영수증을 보니 20% 할인된 가격이었고, 날짜는 며칠 뒤로 되어 있었다.

협상의 기회를
스스로 찾아내라

원하는 것을 다 가질 수 없는 것이 세상이다. 하지만 원하지 않으면 얻을 수 있는 것도 없다. 원하는 것을 얻기 위해 필요한 것이 바로 협상력이다.

협상을 하면 얻을 수 있는 것이 분명 늘어난다. 마땅히 협상을 해야 할 때 이를 깨닫지 못하고 대충 넘어가는 사람과, 부단히 협상의 기회를 찾고 전략적으로 협상에 임하는 사람이 얻을 수 있는 결과는 차이가 날 수밖에 없다.

협상은 대개 회사 대 회사, 개인 대 회사, 그룹 대 그룹, 개인과 개인 사이에서 행해진다. 내가 원하는 것을 타인이 가지고 있는 경우, 내가 그것을 얻고 싶다고 생각하는 것은 당연하다. 이를 위해 거래를 신청하면 협상이 시작된다.

부지불식간에도 우리는 일상에서 협상을 행하고 있다. 계약이나 매매를 할 때, 의견 차이를 줄이려고 할 때, 업무계획을 타인과 함께 결정할 때 등등 협상의 기회는 무한하다.

협상에 노출되어 있으면서도 이를 깨닫지 못하고 있으면 자기 자신에게 유리한 결과를 이끌어내는 것이 불가능하게 될 가능성도 크다. 협상이라는 것을 인식하지 못하고 대화를 진행하면 아무 준비를 할 수 없으므로 용의주도한 상대의 페이스에 이끌려 난처한 결과에 직면하기 십상이다. 반대로 대화의 초기부터 철저히 준비하고 전략적으로 협상을 진행한다면 틀림없이 결과는 달라질 것이다.

> ### 협상기회 체크리스트
>
> 다음 항목 중 협상을 통해 자신의 입장을 유리하게 전개할 수 있는 것에 V표를 하시오.
>
> - ■ 백화점에서 가전제품을 구매할 때
> - ■ 연인과 어떤 영화를 보러 갈 것인가를 의논할 때
> - ■ 전근일시에 관하여 상사와 의논할 때
> - ■ 다음 회의일정을 결정할 때
> - ■ 프로젝트의 연구방향에 관해 의논할 때
> - ■ 주택수리를 위해 설비업자와 의논할 때
> - ■ 가족끼리 주말여행의 행선지를 결정할 때
> - ■ 노사가 근로조건에 관하여 논의할 때
> - ■ 상품제조에 필요한 원자재를 구입하려고 할 때

위와 같은 상황들에서 나는 과연 효과적으로 협상할 수 있을까? 만약 9개 항목에 모두 체크를 했다면 만점이다. 앞서 예로 들었듯이, 정찰제를 고수하는 백화점에서도 가격 이외의 여러 가지 조건을 놓고 협상이 가능하다. 각각의 경우에 어떠한 협상기회가 있는지 생각해보자.

물론 상당한 용기와 노력을 필요로 하는 경우도 있을 것이다. 하지만 자신이 원하는 것, 달성하고자 하는 것, 결과를 통해 얻고 싶은 것이 무엇인지를 정확히 아는 것이 중요하다. 반대로, 그것을 얻음으로써 무엇을 잃을까에 대해서도 생각해보지 않으면 안 된다.

백화점에서도
'가격협상'을 하라

　　　　필자가 아이들 피아노를 사 줄 때의 일이다. 아내가 백화점의 피아노 매장에 갔더니 그 비싼 물건을 거래하는데도 정찰제라며 170만 원에서 단 한 푼도 안 깎아주더란다. 그래서 필자가 그 백화점의 특판 담당자에게 전화를 걸었다.

"아니 세상에 가격이 요지부동인 물건이 다 있어요?"

백화점의 입장을 한참 설명하던 담당자는 결국 동일한 브랜드의 다른 대리점 한 군데를 알선해주었다. 잠시 뒤에 소개받은 대리점으로 전화를 했더니 "아무개 과장님으로부터 연락받았으니 매장에 한번 나와 보세요."라고 한다. 그리고 얼마 뒤 시간을 내서 해당 대리점을 찾았다. 놀랍게도 내가 언급했던 모델명까지 정확하게 일치했다.

"백화점 이 과장님한테 소개까지 받고 오셨는데……. 10만 원 깎아서 160만 원으로 해드리면 섭섭하지 않으시겠죠?"

한국인의 정서로는 흐뭇해하며, 또는 체면상 이쯤에서 협상을 마무리하게 마련이다. 하지만 협상 자체를 즐기는 사람이라면 얘기가 다르다.

"아, 정말 감사합니다. 역시 소개받고 오길 잘했네요. 그나저나 여기서 피아노를 구입하면 조율은 몇 번이나 해주시나요?"

"보통 조율은 한 번 해드립니다."

"아, 그래요? 가격은 그렇게 할 테니까 조율이나 한 번 더 해 주시죠 뭐."
"그거야 당연히 해드려야죠. 이 과장님 소개까지 받고 오셨는데……."

피아노 조율 한 번 받는데 아무리 싸도 5만 원이니, 결과적으로 애초의 백화점 가격에서 20만 원이나 싼 가격에 피아노를 구입한 셈이 되었다. 대리점의 이익을 침해하지 않았으며 흔쾌한 동의를 끌어냈으므로 분명 윈-윈이다. 그냥 흘려보내거나 포기할 수도 있었을 두 번의 협상기회를 적절히 포착하고 활용하여 윈-윈 협상으로 이끌어낸 것이다.

최근 몇 년 동안 필자의 생일에 아내는 골프웨어를 선물해왔다. 지난 생일에 즈음하여 아내가 미리 아이쇼핑을 해두었다는 골프셔츠를 사려 함께 매장으로 찾아간 적이 있다.

"아이고, 드디어 사장님을 모시고 오셨네요?" 하며 매장 여사장이 다짜고짜 물건부터 포장하려는 것을 "잠깐만요." 하면서 가격표를 살펴보니 28만 원이었다. 순간 너무 비싸다는 생각도 들고 괜히 체면 때문에 할 수 없이 사면 나중에 입을 때마다 후회할 것 같아 협상을 시도했다. 아내의 체면을 깎는 것도 내키지 않았으나 사놓고 입지 않는 것보다는 나을 것 같았다.

"여보. 당신한테 선물 받는 건 고마운 일인데, 아무래도 이건 정서적으로 가격이 너무 비싸네."

보통 아내가 찍어놓고 매장에 같이 오면 그냥 점잖게 사서 가는 게 보통인데, 갑자기 예상치 못한 상황에 매장 여사장이 몹시 당황하는 눈치였다.

"반팔 티셔츠 하나를 28만 원이나 주고 사는 건 너무 비싸네…. 모자라도 하나 그냥 준다면 모를까……."

말이 끝나고 나서 필자의 손에 골프모자 하나가 쥐어지기까지는 채 10초도 걸리지 않았다. 매장을 나오면서 슬쩍 보니 쇼 윈도우에 걸려 있는 동일한 모자에는 4만 원이라는 가격표가 달려 있었다.

이후로 그 매장 앞을 지날 때면 매장 여사장이 일부러 필자를 불러 신상품을 구경시키면서 먼저 협상을 시도하곤 한다.

"오늘은 모자는 없고 우산은 드릴 수 있는데……."

언제 다가올지 모를 중요한 협상기회를 놓치지 않기 위해 늘 긴장하고 있으면 좋겠지만 그러는 데에도 한계가 있다. 또 모든 일을 다 협상으로 해결하려 들면 자칫 인색하다는 평을 들을 수도 있다. 그러니 협상을 해야 할까 말아야 할까 망설여야 할 상황이 눈앞에 있으면 다음의 두 가지 질문을 자신에게 해보고 결정하면 된다.

첫째, 내가 노력해서 얻을 수 있는 가능성이 있는가?

둘째, 지금 협상하지 않고 돌아서면 나중에 후회하게 될 것인가?

이 두 가지 질문에 동시에 "YES"라는 대답이 나오면 반드시 협상을 해야 한다. 그러나 두 가지 질문 중에 한 가지라도 "NO"라는 대답을 얻었다면 협상하지 않아도 인생의 큰 손해나 후회는 없을 것이다.

인생을 사는 동안 얻고 싶은 것은 끝없이 생겨난다. 하지만 불행하게도 그 모든 것들은 타인이 컨트롤하고 있다. 그래서 많은 사람들은 안 될 것으로 지레짐작하고 많은 것들을 포기하고 만다.

원치 않으면 주지 않는다. 원해야 얻을 수 있다. 협상이란 '내가 원하는 것들을 타인이 컨트롤하고 있을 때 그것들을 내 손에 넣기 위한 일련의 협의과정'이다.

모든 인간은 경험과 지식이 서로 다르다

협상은 인간관계에서 비롯되는 것이므로 무엇보다 사람의 심리를 이해하는 것이 중요하다. 협상학에서는 이를 '인간 이해'라고 부른다.

인간의 행동과 사고방식을 관찰해보면 비교적 일반적이고 보편적인 경향을 보인다. 행동과학 내지 심리학의 측면에서 이는 크게 두 가지 패턴으로 나뉜다.

첫째, 사람은 과거의 욕구, 경험, 지식에 따라 행동한다. 달리 말하면, 사람은 자신의 욕구, 경험, 지식에 없는 행동을 잘하지 못한다. 예를 들어, 미국인에게 "이거 아주 맛있어요~!"라며 김치를 내놓아도 그들이 태연하게 먹을 수 없는 이유는 먹어본 경험이 없기 때문이다. 그러나 한국인은 다르다. 한국인에게는 김치가 아주 시원하고 매콤하다는 경험과 지식이 있다.

둘째, 사람은 외부 자극을 감지하여 그에 따라 반응하고 행동한다. 시원한 천연 암반수 맥주의 TV광고를 보다가 갑자기 냉장고 문을 열거나 동네슈퍼로 달려가는 사람들이 많다. 오랜 세월 동안 외국에서 가수 활동을 했던 가수 보아는 "요즘 막걸리가 대세"라는 친구들 말을 듣고는 귀국해서 처음 마시는 술로 막걸리를 선택했다고 한다.

정리하자면, 인간은 외부 자극을 받으면 자신이 기존에 얻은 지식과 경험을 바탕으로 반응을 선택하는 존재다.

다음 그림은 무엇을 묘사한 것일까?

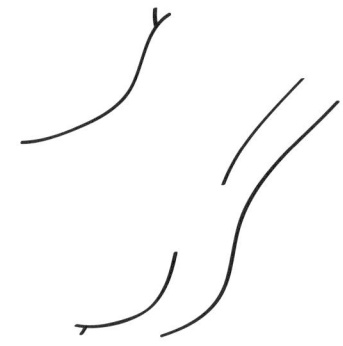

위의 그림은 오른쪽 그림(개미를 잡고 있는 사람의 손 그림) 일부를 절취한 것이다. 하지만 전체를 보여주지 않고 일부만 보여주면 대부분의 사람들이 '여성의 엉덩이'라고 생각한다. 그러한 반응은 남녀가 마찬가지다. 살아오는 동안 그림이든 실물이든 많이 봐왔기 때문이다. 즉, 과거의 누적된 경험이 즉각적으로 그렇게 반응하도록 만든 것이다.

그런데 사람들은 저마다 머릿속에 입력되어 있는 경험과 지식이

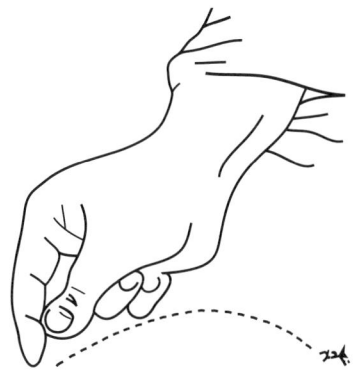

서로 다르다. 따라서 동일한 자극에 대해서도 A와 B는 서로 다른 시각에서, 서로 다른 욕구와 시각을 가지고, 서로 다른 반응을 한다. 협상에서도 마찬가지다. 동일한 조건에 동일한 제안임에도 상대방에 따라 각기 다른 반응을 보이는 경우가 많다.

두 남성이 함께 걸어가다가 스쳐 지나가는 한 여성을 보고 "야~ 저 여자 괜찮은데?" "그러게! 죽이는데!" 하며 거의 동시에 감탄사를 날린다. 두 남성은 맥줏집에 마주 앉아서도 그 여성에 대해 계속 이야기를 나눈다. 하지만 얘기를 나누어보니 그 여성에 대해 감탄하는 이유가 서로 다르다는 것을 깨닫게 된다. 한 사람은 원래 여성을 볼 때 '위쪽'을 잘 안 보는 편이다. 반면에 또 한 사람은 주로 얼굴만 보는 편이다. 서로 다른 곳을 보면서 입으로는 동일한 감탄사를 내뱉은 것이다.

언덕 위에 비쩍 마른 소가 지나가자 한 사람은 "다른 소보다 60근은 덜 나가겠군……." 하는데 다른 한 사람은 "저 소는 간이 나쁜가

보군……." 하고 말한다. 아마도 한 사람은 정육점 주인이고, 다른 한 사람은 수의사일 것이다. 살아오면서 축적한 경험과 지식이 다르므로 객관적 사실에 대해서도 반응이 다를 수밖에 없는 것이다.

협상에 있어 중요한 포인트가 되는 인간의 행동 패턴으로 다음의 두 가지를 꼽을 수 있다.

1. 사람은 감정에 기초하여 협상한다

사람은 과거의 욕구, 경험, 지식에 의해 사물을 판단한다. 이 말은, 사람들은 서로 다른 욕구, 경험, 지식을 가지고 있으므로 자기 나름대로 사물을 판단한다는 뜻이다.

이때 판단기준이 되는 것은 그때그때의 기분, 독단이나 편견, 적절성, 순간적인 착상 같은 것들이다. 사람은 이론적이거나 이성적으로 상황을 판단하는 것이 아니라 그 순간의 감정이나 느낌대로 판단하는 경향이 있다는 것이다.

협상에 있어서도 마찬가지다. 상대가 오늘 "No"라고 말해도 다음날에는 "Yes"라고 말할 가능성이 있다.

2. 사물의 부정적인 부분을 먼저 생각한다

아래 그림을 보여주면 사람들은 "안정성이 없다." "사용하기 불편하다." "바퀴가 너무 작다." "손잡이가 너무 작다." "짐칸이 너무 얕다." 등등의 감상을 늘어놓는다.

이 손수레를 디자인한 사람과 그

지식과 경험이 다르기 때문에 다른 느낌을 가질 수는 있지만, 특별한 근거나 논리 없이 이렇듯 부정적인 감상만을 내놓는 이유는 무엇일까?

부하직원이 상사에게 서류를 가져다주면 대부분의 상사들은, "오자가 너무 많잖아!" "논지에 일관성이 없어……." "기일이 지난 서류 아닌가?" 등등 부정적인 의견을 먼저 내놓기 일쑤다.

협상에서도 마찬가지다. 상대는 처음에 대부분 "No"라고 말한다. 하지만 거기에 기가 꺾여서는 안 된다. 바로 그때부터 진짜 협상이 시작되기 때문이다.

이상의 두 가지 관점에서 우리는, 협상테이블에서 어떤 자극을 주면 상대가 어떤 반응을 할 것인가를 어느 정도 예상할 수 있다. 거기에 대해 어떻게 대응할 것인가, 그것이 바로 협상의 기술이다.

'NO'는
'NO'가 아니다

협상은 상대로부터 "No"라는 대답이 나오는 순간 시작되는 것이다. 처음부터 "Yes"라고 대답할 것이라면 애초부터 협상할 만한 사안이 아니라는 뜻이기 때문이다. 따라서 협상의 고수일수록 상대의 "No"를 예상한다. 그만큼 단호히 지켜야 할 그 무엇이 상대방에게 있다는 뜻이며, 협상 여하에 따라 그것이 내 것이 될 수도 있다는 의미이기 때문이다.

또한 "No"를 예상하는 사람은 협상에 의연할 수 있다. 단, 여기서 말하는 "No"는 사전적 의미의 거부가 아니라, 제안한 사람이 예상치 않았던 모든 반응을 의미한다.

협상이란 "No"를 'maybe'로, 'maybe'를 "Yes"로 이끄는 과정이다. "No"는 협상의 시작신호이지 종료신호가 아니다.

우리도 물론 상대의 제안에 가장 먼저 "No"라고 해야 한다. 처음부터 "Yes"라고 말하면 오히려 상대의 신뢰마저 잃게 되기 쉽다. 따라서 상대가 어떤 제안을 하던 두려움 없이 "No"를 해야 한다. 다만 주의할 점은, "No"라고 했어도 예의바른 태도를 유지해야 한다는 것이다.

필자가 신세를 많이 졌던 일본의 성공회 신부님이 한 분 계시다. 한국에 오실 때마다 공항으로 마중을 나가곤 하는데, 한번은 오시자마자 "박상, 내가 체류기간이 5일밖에 안 되는데 4일 내내 세미나가 있어 여유롭게 쇼핑할 시간이 없다."고 하시는 것이다. 그러고는 서랍이 세 개 달린 보석함 사진을 하나 보여주면서 쇼핑을 좀 도와달라고 했다. 모르긴 몰라도 사모님이 부탁한 물건인 모양이었다(성공회 신부는 결혼을 한다).

이 기회에 선물을 하나 해드리고 싶어 인사동으로 모시고 갔는데, 아무리 전통공예품이라지만 서랍 세 개 달린 작은 보석함이 최저 12만 원부터였다.

필자의 기준으로는 5만 원짜리 이하만 '선물'이다. 그 이상은 '뇌물'이라고 생각한다. 그래서 잠시 고민을 하다가 문득 아이디어가 떠올라 신부님을 모시고 이태원으로 향했다. 모두가 알다시피 이태원은 '짝퉁의 천국'이다. 그만큼 가격협상도 쉬운 곳이다.

이태원에서 전통공예품 매장을 찾기는 쉬웠다. 역시 이태원! 사모님이 원하시는 디자인에 진품보다 훨씬 더 멋있게 만든 데다 서랍까지 하나 더 많은 물건이 4만 원이었다. 하지만 명색이 '협상의 고수'가 여기서 감동만 하고 있을 수는 없는 일. "아가씨, 이거 2만 원에 안 되겠어요?" 하고 물었다.

원래 필자가 생각했던 시나리오는 이랬다.

"안 돼요, 아저씨. 아무리 이태원이라도 4만 원짜리를 어떻게 반값에 드려요? 5,000원만 깎아 드릴게요."

"에이, 그러지 말고 좀 더 깎아주세요. 외국손님까지 일부러 모시고 왔는데 내 체면도 좀 봐줘야지……."

이렇게 밀고 당기다 3만 원 부근에서 사는 것이었다. 그런데 반응이 의외였다.

매장 아가씨는 2만 원에 달라는 필자의 얼굴을 한 번 스윽 보더니 "뭣 좀 알고 오셨네……. 포장해드릴게요." 하면서 포장을 시작하는 게 아닌가.

망치로 머리를 한 대 얻어맞은 기분이었다. 상대의 반응이 이 정도라면, 아무리 생각해도 1만 원짜리도 안 되는 물건이라는 것 아닌가. 한마디로 그 매장 직원은 '협상의 원칙'을 어긴 것이었다. 필자의 체면을 봐서라도 일단 "No"를 했어야 했다. 외국손님까지 모시고 온 사람에게 열심히 졸라서 1만 원을 깎았다는 기쁨을 줘야 하지 않겠는가? 협상에서 "No"는 협상의 시작신호이므로….

사실 그날 필자는 전후 상황을 다 지켜보신 신부님에게 차마 '싸

구려 물건'을 선물할 수가 없어서 결국은 다른 매장에 가서 다른 물건을 사드렸다. 그러고도 미진한 마음이 들어 출국하시는 날 공항에서 다른 선물도 사드려야 했다.

한번은 어느 기업의 간부진이 단체협상을 앞두고 필자에게 강의를 요청한 적이 있었다. 그때 필자는 이런 말을 했다.

"장차 싸울 일이 아득하다고 지레 스트레스 받을 것 없습니다. 원래 협상이란 결정권이 없는 사람들이 위임권만 갖고 하는 겁니다. 진짜 결정권한을 갖고 있는 사람은 협상단 뒤에 있는 거지요. 경영진 뒤에는 CEO가 있고, 노조 집행부 뒤에는 수많은 노조원들이 있습니다. 여러분들께서는 노조 임원들이 다수 노조원들의 신임을 받을 수 있도록 도와주러 나간다고 생각하시면 됩니다. 도와주려면 어떻게 해야 할까요? 당연히 'No'를 많이 해야 합니다. 여러분들이 버티고 버티다가 돌아가서 CEO를 설득하고 양보안을 얻어내서 어렵게 내줘야 노조 측에도 명분이 생길 것 아니겠습니까. 노조 집행부는 그토록 완강하던 사측으로부터 양보안을 얻어냈다는 명분을 가지고 노조원들을 설득할 것이고, 여러분들은 그들의 설득력에 힘을 보태주는 셈이니 윈-윈이 되는 겁니다. 윈-윈 협상이 되려면 '예의 바르지만 강경한 No'를 많이 하십시오."

얼마 전에 필자의 아이가 하도 졸라서 20만 원 주고 자전거를 하나 사준 적이 있다. 그런데 아이들이 으레 그러듯이 딱 세 번 타보고는 쳐다보려고도 하지 않았다. 속이 쓰리지만 어쩌랴. 결국 생활정보지에 광고를 내보았다. 내심 15만 원 정도는 받아야겠다는 생각이었다.

"○○표 자전거. 구입가 20만. 구입 후 2주일 사용. 가격은 상담 후 절충 가능."

얼마 뒤에 한 아주머니가 집으로 찾아오셨다. 물건을 이리저리 꼼꼼히 살펴보더니 꽤 마음에 들어 하는 눈치였다.

"어머. 정말 새 것이나 다름없네요. 흠집도 하나 없고……."
"정말 세 번밖에 안 탔다니까요. 애들 변덕 때문에 어쩔 수 없이 파는 겁니다."
"16만 원 드리면 될까요?"

하수들은 속으로 "이게 웬 떡?" 하면서 얼른 팔아버렸을지 모르겠지만, '예의바른 No'가 없는 거래는 결국 어느 쪽에게든 후회를 남기게 마련이다.

"2주일 전에 20만 원에 사서 딱 세 번 탔으니까 한 번에 1만 원씩, 17만 원에 사시면 되겠네요."
"어쩌죠, 준비해온 돈이 딱 16만 원인데……. 사실 물건 보기 전까지는 13만 원이면 되겠다 생각했었거든요."
"저희도 이거 팔아서 우리 애한테 다른 자전거를 사줘야 할 입장인데……."
"우리 아들이 찾는 바로 그 모델인데, 어떻게 안 될까요?"
"정 그러시다면 할 수 없죠. 아드님 선물하실 건데 같은 부모 입장에서 너무 인색하게 굴 수도 없고……. 그렇게 드릴게요."

그 아주머니는 아주 기쁜 얼굴로 돌아갔다. 그분은 1만 원을 깎아 산 셈이 되었고, 우리는 예상했던 가격보다 1만 원을 비싸게 판 셈이 되었으니 윈-윈이다.

인간은 욕망의 동물이다. 쉽게 얻은 욕망은 또 다른 욕망을 일으키게 된다. 반면에 어렵게 충족한 욕망은 그 과정에서 기쁨도 함께 주는 것이다.

이제 나의 협상력 수준이 과연 얼마나 되는지 한번 체크해보자.

협상력 수준 체크

다음의 자기분석 진단테스트는 협상에 임하는 사람의 태도, 성격 및 협상력을 체크하기 위한 것이다.
당연한 말이지만, 협상력은 개인마다 큰 차이가 있다.
이 리스트에 따라 자신의 협상력을 확인해보면 현재의 상태와 앞으로 개선해야 할 점을 구체적으로 알 수 있을 것이다.
5부터 1까지의 척도에 자신이 어디에 해당하는지 ○표로 표시해보자.
20문항을 전부 체크한 뒤 합계를 산출한다.

문 항	예				아니오
1. 세일즈맨이나 상사와의 협상을 좋아합니까?	5	4	3	2	1
2. 협상 전에 목적과 협상목표를 명확하게 세웁니까?	5	4	3	2	1
3. 협상 전에 사전조사와 분석을 잘 준비하고 임합니까?	5	4	3	2	1
4. 말을 잘하는 편이고 설득력이 있는 사람입니까?	5	4	3	2	1
5. 의견대립이 있을 때 설득하여 생각을 바꾸도록 합니까?	5	4	3	2	1

질문	점수
6. 의견대립이 있을 때 먼저 적극적으로 제안을 냅니까?	5 4 3 2 1
7. 협상 상대에게 자주 질문하고 청취를 잘하고 있습니까?	5 4 3 2 1
8. 인내심이 강한 편입니까?	5 4 3 2 1
9. 상대의 연령, 지위, 입장에 관계없이 자신의 의견, 생각, 견해를 언제나 냉정하게 상대에게 표현합니까?	5 4 3 2 1
10. 흥분했거나 화가 났을 때 그것을 자제할 수 있습니까?	5 4 3 2 1
11. 협상중에 대립해도 상대의 입장을 생각하여 관계가 단절되지 않도록 배려를 요구합니까?	5 4 3 2 1
12. 타인의 요구, 생각을 민감하게 느끼는 편입니까?	5 4 3 2 1
13. 필요없다며 체념하고 타협하는 것을 싫어하지 않는 편입니까?	5 4 3 2 1
14. 자기 측의 만족뿐만 아니라 가능하면 상대의 요구도 만족시켜 주려 합니까?	5 4 3 2 1
15. 아주 긴박한 상황에서도 냉정하게 대처할 수 있는 타입입니까?	5 4 3 2 1
16. 인신공격을 당하거나 바보취급을 받아도 과도하게 반응하지 않는 편입니까?	5 4 3 2 1
17. 협상에 있어 상대의 성실성뿐만 아니라 자신의 성실성도 대단히 중요하게 여깁니까?	5 4 3 2 1
18. 늘 인간관계에 신경을 쓰고 사교성도 있어 호감을 주는 편입니까?	5 4 3 2 1
19. 업무를 하는 데 있어 대단히 입이 무거운 편입니까?	5 4 3 2 1
20. 지금 무엇이 가장 중요한가를 재빨리 발견해낼 수 있습니까?	5 4 3 2 1

총계 _____ 점

총득점으로 다음과 같은 평가를 내릴 수 있다.

100~80점 | 협상에 필요한 특성을 상당히 체득하고 있는 사람. 협상 전문가 혹은 유단자.

79~60점 | 그런대로 협상력이 있는 사람. 점수가 낮은 항목을 중점적으로 개선할 것.

59~40점 | 협상담당자로서 보통 수준. 이 책을 참고로 지식, 기술, 사고방식을 체득하여 협상술을 한 단계 더 향상시킬 수 있도록 노력할 것.

39점 이하 | 다시 한 번 테스트해보자. 혹시 신중하게 체크하지 않았거나 엄격하게 하지 않았을 수도 있다. 아무튼 노력 여하에 따라 얼마든지 개선은 가능하다.

협상에 있어 '예의바른 No'는 결코 결례가 아니다. 그래서 협상에 나선 고수들은 화를 내도 1분, 놀라도 1분이다. 반면에 하수들은 예상외의 요구나 거절에 부딪히면 기절초풍을 한다.

상대방의 제안에 잠깐 생각을 하고 거절하는 사람도 여전히 하수다. 진짜 고수는 상대방의 제안이 무엇이든 그냥 반사적으로 "No!" 하고 튀어나올 정도가 되어야 한다. 특히 셀러(Seller)들은 상대의 '예의바른 No'에 익숙해져야 한다.

"그런 조건으로는 곤란합니다."라는 말은 곧 '협상의 시작신호'를 울려주는 것이며, 결과적으로는 상대방에게 '명분'을 세워주어 윈-윈 협상으로 함께 나아갈 수 있도록 하는 협상의 기술이다.

SECRET 05

'협상 고수'로 가는 길

협상은 게임이다.
경험, 지식, 스킬, 노하우, 파워 등을
익히고 훈련하는 것이
승리할 수 있는 유일한 첩경이다.
그렇다면, 협상을 잘하기 위해서는
구체적으로 어떤 기술과 자질을
키워야 할까?

태도가
말을 한다

사람의 마음을 움직여 궁극적으로 의미 있는 결과를 이끌어내는 것은 말의 내용이 아니라 말하는 사람의 태도다. 즉, "태도가 말을 한다."는 뜻이다.

미국의 로스쿨에서는 법조문이나 법리(法理) 못지않게 설득력을 가르친다. 판사, 검사, 변호사가 아무리 판례와 논리력으로 단단히 무장하고 있더라도 정작 배심원을 설득하지 못하면 원하는 판결을 얻어낼 수 없기 때문이다.

지금으로부터 약 40년 전, 미국 필라델피아의 어느 철도 승강장에서 한 흑인 소녀가 부모가 잠시 손을 놓은 사이 선로 위로 떨어져 달려오던 기차에 양손을 잃는 사고가 일어났다. 비탄에 빠진 부모는 철도회사를 상대로 법원에 제소했다.

그러나 유감스럽게도 소녀의 부모는 재판에서 패소했다. 애초에 부모의 부주의로 벌어진 일이니 소송에서 이길 수 있는 논리적 근거가 없었다. 비슷한 판례도 없었으며, 무엇보다 철도회사의 관리부실이라기보다는 우발적인 사고였으므로 회사에는 배상책임이 없다는 것이 배심원들의 판단이었다. 사건이 일어난 역에는 차단막도 있었고 기차가 진입하는 순간에는 정상적으로 경고음도 울렸다.

하지만 소녀의 부모는 단념하지 않고 상급법원에 항소했다. 물론 재판은 여전히 불리했다. 변호사는 마지막 변론에서 법률적인 의견을 내놓지 않고 12명의 배심원 앞에서 눈물을 흘리며 다음과 같이 호소했다.

"재판장님, 그리고 배심원 여러분. 기나긴 재판을 마치면서 저는 어제 이 소녀와 함께 저녁식사를 했습니다. 소녀의 밥 먹는 모습을 상상해보셨습니까? 그녀는 마치 개처럼 밥을 먹더군요. 손이 없으니 접시에 입을 대고 음식을 먹을 수밖에요. 이마에 땀을 흘리며 힘겹게 음식을 먹는 아이의 모습을 보면서 저는 눈물을 멈출 수가 없었습니다. 배심원 여러분, 이 아이가 평생 이런 모습으로 살아가야 한다는 점 참고하셔서, 또한 이 아이의 장래를 생각하여 부모의 심정으로 부디 현명한 판결을 내려주시기 바랍니다."

법리나 증거, 판례가 아니라 구체적인 상황을 연상시키며 눈물로 호소함으로써 배심원으로 하여금 부모의 심정으로 아이를 바라볼 수 있도록 '설득'한 것이다. 이 1분 동안의 최후변론으로 법정 분위기는 일순 바뀌었다. 마침내 재판정은 철도회사에 50만 달러의 배상금과 매년 8만 달러의 양육보조금을 지급하라고 판결했다.

협상력의 급수를 올리는
10가지 방법

바둑에 처음 입문한 사람은 18급, 17급…12급 하는 식으로 차츰 급수를 올려가지만 바둑의 진정한 재미는 잘 느끼지 못한다. 바둑을 스스로 공부하면서도 막상 대국 기회가 오면 바둑을 두려워하거나 스트레스를 받는 사람들도 많다. 정석과 수순의 묘리(妙理) 여전히 제대로 이해하지 못하고 있기 때문이다.

하지만 시간이 지나 7급, 6급 이상으로 발전하면 차츰 바둑의 재미에 깊이 빠져들게 된다. 그 정도 수준이 되면 어떤 사람을 만나도 바둑의 급수를 슬쩍 물어보게 되고, 더 이상은 대국을 두려워하지 않게 된다.

협상도 마찬가지다. 하수는 협상이 두려울 수밖에 없고, 협상테이블에서 스트레스를 받을 수밖에 없다. 하지만 고수로 발전하면서 차츰 협상의 묘리를 깨닫게 되면 협상 자체를 즐길 수 있게 된다. 협상력은 우리의 인생을 바꿔놓을 만큼 중요한 삶의 기술이다. 결코 협상을 기피하거나 두려워해서는 안 된다. 협상을 즐길 수 있을 때까지 부단히 노력해야 한다.

우리나라 기업의 부장급들은 연봉이 과장보다 많지만 대체로 저축 액수는 오히려 떨어진다. 자녀들에게 집중적으로 돈이 들어가는 연령대이기 때문이다. 사정이 그렇다보니 "그 시기에는 돈을 안 까먹는 게 선방하는 것"이라는 자조 섞인 푸념을 하는 부장급들이 많다.

1년에 1,000~1,500만 원이나마 저축하려면 외식도 자제하고 골프도 자제해야 한다. 그래서 고민 끝에 시도해보는 것이 부동산 재테크다. 빠듯한 월급을 나누고 쪼개어 저축해서는 답이 보이지 않으니 운이 좋으면 큰돈을 만질 수도 있다는 부동산에 관심을 가져보는 것이다.

　협상에는 바둑처럼 급수가 있다. 하지만 접바둑(하수가 바둑돌 몇 개를 미리 놓고 두는 바둑)과 같은 고수의 페널티는 없다. 상대방이 고수라면 내가 급수를 올리려고 노력하거나 고수를 내편으로 만들어야 한다. 그런데 사실 직장인들 중에 집이나 땅을 사고팔아서 수억 원씩 남겼다는 사람은 별로 찾아볼 수가 없다. 왜일까? 부동산 중개인들은 대개 협상의 고수 중에서도 최고수다. 하수가 고수한테 이길 수는 없는 법. 이런 상황에서 하수가 최대한 이익을 남길 수 있는 가장 현실적 방법은 두 가지다.

　하나는, 협상의 고수인 부동산 중개인이 나의 이익을 대변할 수 있도록 관계를 형성하는 것이고, 다른 하나는 스스로 협상력을 키우는 것이다.

　협상력은 게임과 같다. 바둑처럼 '급수'가 있다는 것이다. 협상은 결국 사람들 간의 교류이자 커뮤니케이션이다. 따라서 바둑처럼 협상력도 연구와 훈련에 의해 누구나 체득할 수 있다. 아마추어가 프로기사와 대국하면 해보나마나 백전백패다. 프로기사는 아마기사보다 정석을 더 많이 알고 포석, 행마, 수읽기, 수순 등에서도 월등히 앞서 있기 때문이다. 설사 방심하여 불리해진다손 치더라도 암수, 꼼수, 끝내기로 기필코 이기고야 만다.

협상에서도 프로와 상대하면 패하는 것이 당연하다. 상대는 다양한 협상기술, 소위 수(手)를 잘 알고 있기 때문이다. 그나마 바둑에서는 고수가 하수와 붙을 경우 몇 점 깔아주고 시작하지만, 현실의 냉혹한 비즈니스 세계에는 고수의 페널티가 전혀 없다. 바둑처럼 '재미'를 위한 게임이 아니라 '이익'을 위한 게임이기 때문이다. 즉, 비즈니스 협상은 애초에 '접바둑'이 불가능한 게임이다.

협상은 게임이다. 경험, 지식, 스킬, 노하우, 파워 등을 익히고 훈련하는 것이 승리할 수 있는 유일한 첩경이다. 그렇다면, 협상을 잘하기 위해서는 구체적으로 어떤 기술과 자질을 키워야 할까?

1. 심리학적 소양을 갖춰라

이른바 행동경제학, 신경경제학이 요즘 인문학계의 주목을 받고 있다. 인간은 철저히 이기적인 존재이므로 항상 자신에게 유리한 방향대로 '합리적'인 선택을 한다는 것이 고전경제학의 전제라면, 행동경제학이나 신경경제학은 인간이 어째서 종종 손해를 감수하면서까지 불합리한 결정을 하게 되는지를 연구하는 학문이다. 여기서 가장 중요한 것이 계량화할 수 없는 인간심리다.

사람은 어떨 때 기뻐하고 어떨 때 완고해지는 걸까? 협상에서도 무엇보다 인간행동에 대한 보편적 통찰이 중요하다. 협상을 잘하려면 심리학의 기본개념을 알아둘 필요가 있다. A와 B가 모두 자신에게 가장 유리한 선택을 할 수는 없다. 협상테이블에서는 상대방의 심리를 이해하고 이용할 수 있는 사람이 결과적으로 승리를 쟁취하는 법이다.

적당한 심리학적 소양은 협상테이블에서 상대방의 반응을 예측하고 속내를 유추할 수 있게 해주는 한편 나의 설득력을 배가시켜 주는 유용한 무기가 된다.

2. 협상의 기회를 제대로 포착하라

협상의 기회를 적극적으로 포착하려는 노력도 중요하다. 우리는 협상의 기회를 너무나 많이 놓치며 살고 있다. 우리나라 직장인들의 행복지수가 가장 높을 때는 부부가 열심히 노력해서 첫 번째 집을 장만했을 때라고 한다. 그렇다면 이들의 행복이 끝나는 날은 언제일까? 똑같은 아파트를 2,000만 원 싸게 산 사람이 나타났다는 소문을 듣는 날이다. 그런 소문이 들리는 순간부터 "내가 뭐라고 그랬어! 조금만 더 기다리자고 그랬지!" 하면서 부부싸움이 시작된다. 집을 살 때야말로 정말 신중한 협상이 필요한데, 그럴 때는 대강대강 넘어가고 정작 쓸데없는 데에만 신경을 쓰며 살아가고 있는 것이다.

세상살이의 근본이 인간관계라면, 인생의 매순간이 곧 협상의 과정이라 해도 과언은 아니다. 그중에서도 좋은 협상의 기회를 적절히 포착하고 이를 적극적으로 활용하려는 노력이 필요하다.

3. 유리한 위치에 서려면 정보를 수집하라

협상에서 유리한 위치를 차지하려면 정보를 얻고 활용하는 능력을 키워야 한다. 외교협상에서는 정보가 곧 국익이며, 비즈니스 협상에서는 정보가 곧 돈이기 때문이다.

"아는 것이 힘"이라는 영국 철학자 프랜시스 베이컨의 유명한 격언은 협상 과정에도 그대로 적용된다. 다양한 정보와 지식, 예컨대 상품·경쟁사·업계 등에 관한 사전 정보나 지식은 협상 과정에서 큰 힘을 발휘한다. 아는 것이 많으면 많을수록 협상에서 유리한 법이다.

개인이 연봉 협상을 하는 경우에도 인터넷의 연봉정보 사이트나 비슷한 업종에서 일하는 사람들의 조언을 통해 나와 비슷한 포지션의 사람이 평균 연봉을 얼마나 받고 있는지 미리 알아두면 도움이 된다. 물건이나 아파트 같은 것을 매입할 때도 인터넷 상에 도움이 될 만한 정보가 널려 있다.

4. 질문과 경청의 기술을 익혀라

정보를 얻고 활용하는 능력 못지않게 질문과 경청의 기술도 키워야 한다. 경청은 상대방이 원하는 것은 무엇인가, 상대방이 끝까지 관철시키려는 것은 무엇인가 등 중요한 정보를 수집할 수 있는 기술이다.

이는 유독 한국 사람들에게 약한 부분이기도 한데, 질문과 심문도 구분하지 못하는 사람이 있다. 경청은 상대방의 긴장을 풀어주고 분위기를 부드럽게 만드는 한편, 상대방을 충분히 관찰하고 내 생각을 정리할 수 있는 여유를 주어 협상을 내 쪽에 유리한 방향으로 유도해준다는 점에서 특히 중요한 협상의 기술이라 할 수 있다. 아울러 상대의 자긍심을 부추기면서도 상대의 주의력을 확보하는 노하우도 필요하다. 상대가 나를 쳐다보지 않는데 설득할 수는 없기 때문이다.

5. 제안도 기술이다

협상테이블에서 모종의 제안을 하는 것은 상대방에게 내 의견을 검토해달라는 주문이다. 충분히 검토할 수 있는 요건을 갖추어 제안하지 않으면 상대방이 아예 제안 자체를 받아들이지 않는다. 즉, 나의 이익과 기회를 분명히 내포하고 있으면서도 상대방이 충분히 흥미를 느낄 수 있을 만한 내용과 형식을 갖춘 제안이어야 한다는 것이다.

6. 준비 없는 성공은 없다

협상의 성패는 준비에 좌우된다. 그리고 일단 적절한 목표와 전략이 마련되었다면 계획대로 실행해야 한다.

'전략(Strategy)'이란 전쟁 내내 지켜야 할 장기적 작전계획을 말한다. '전술(Tactics)'이란 전쟁터에서 상황에 따라 그때그때 운영할 수 있는 구체적인 기술을 말한다. 협상에 임하는 사람도 명확한 전략을 수립하고, 그 프레임 안에서 상황에 따라 구체적으로 적용할 수 있는 다양한 기술을 준비하고 있어야 한다.

7. 머리가 아닌 마음을 움직여라

'설득력'이란, 상대방의 마음을 움직여서 나와 같은 관점을 갖도록 하는 능력을 말한다. 모든 협상전술의 기본이 되는 것이 바로 설득력이다. 상대방과 협상하면서 내 뜻을 효과적으로 전달하는 동시에 상대의 이해를 충족시켜줄 수 있는 커뮤니케이션 능력이 곧 설득력이다.

협상자는 상대방의 주의를 끌 줄 알아야 한다. 상대방이 쳐다보지 않는데 설득을 할 수는 없는 노릇이다. 그러려면 상대방이 자긍심을 가지고 테이블에 앉아 있을 수 있도록 하는 존중과 예의의 기술도 필요하다.

8. '갑을 문화'에서 벗어나라

앞에서 여러 번 지적했던 '갑을 문화'의 문제점은, '갑'에게 분명한 필요와 이유가 있기 때문에 '을'을 불렀음에도 '을'은 항상 스스로를 약자로 규정한다는 점이다.

상대가 나를 불렀을 때에는 나에게 어떤 장점이나 이점이 있기 때문이다. 나를 부른 이유가 분명히 있다는 것이다. 어쩌면 매우 절박한 이유일지도 모른다. 을은 항상 이러한 마음가짐으로 당당하게 협상에 임해야 한다. 나의 장점을 충분히 나타내어 이익을 얻을 수 있는 기술이 있어야만 고질적인 '갑을 문화'의 굴레에서 탈출할 수 있다.

9. 인내는 최고의 협상 전략이다

한국에서 생활하는 외국인들은 '빨리빨리'라는 한국어를 가장 먼저 배운다고 한다. 아닌 게 아니라 우리는 무슨 일이든 서두르는 습성이 있다. 사람들이 자판기에서 커피를 뽑는 모습을 유심히 관찰해 보자. 동전을 넣고 원하는 버튼을 눌렀으면 진행중임을 알려주는 불이 꺼질 때까지 점잖게 기다렸다가 커피를 빼면 그만이다. 그런데 이 간단한 절차가 곧잘 무시된다. 버튼을 누르자마자 연신 개폐구를 여닫으며 손이 데일지도 모르는데 무조건 빨리 종이컵을 빼려고 안달이다.

협상은 종종 지루할 정도로 길게 늘어지기도 한다. 앞서 언급했듯이 중고차 하나를 거래하는 데 5시간을 밀고 당겨야 하는 경우도 있다. 시종일관 냉정함을 유지하되, 좋은 태도로 끝까지 인내할 줄 아는 쪽이 결국은 협상에서 유리한 결과를 얻게 된다.

10. 항상 계산기를 곁에 둬라

프랜시스 베이컨의 "아는 것이 힘이다."라는 경구는 협상테이블에서도 그대로 적용된다. 특히 재무지식을 확실하게 갖추는 것은 협상을 할 때 자신을 보호하는 힘이 된다. 비즈니스 협상에 임하는 사람에게 재무지식과 계산기는 필수다.

필자가 몇 년째 강의를 다니고 있는 모 은행의 담당자에게 물으니, 국내 우량기업의 어음할인율이 5.5% 정도 된다고 한다. 예를 들어, 협상을 하는데 갑자기 상대방이 지불조건을 바꿔서 "이번 결제는 두 달짜리 어음으로 합시다."라고 제안했다고 하자.

이런 경우 협상을 할 줄 아는 사람이라면 즉시 거래규모에 금융비용을 더해 "말씀이 2개월이지, 현금으로 하면 이 정도 차이가 납니다."라는 식으로 직접적인 수치를 내보이며 나를 지켜야 한다. 애매하게 넘어가면 엄청난 손해를 볼 수도 있다.

따라서 협상가는,
- 협상하려는 상품 / 서비스의 가격구조
- 변동비, 고정비, 원가비용, 총원가, 유통비
- 표준이익률
- (일정 수준의 이익을 포함한) 판매가격
- 내부결정사항, 최종가격, 목표가격, 최초제시가격
- 기타 협상변수

등의 협상 이슈에 대한 재무지식을 가지고 있어야 한다.

비즈니스 커뮤니케이션의 두 가지 유형

몇 년 전에만 해도 '협상력'이라고 하면 대개 노사담당자나 구매담당자들에게나 필요한 것이라고 생각했다. 그런데 '비즈니스 커뮤니케이션'이라는 포괄적인 용어를 쓰면 사람들이 많은 관심을 보이곤 했다. 엄밀하게 말하면, 비즈니스 커뮤니케이션은 협상의 한 분야라고 할 수 있다.

비즈니스 커뮤니케이션은 크게 두 가지로 구분할 수 있다.

1. 사내 비즈니스 커뮤니케이션

CEO나 임원들에게 보고 및 제안하거나 면접할 때 필요한 비즈니스 커뮤니케이션이다. 대개 윗분들은 바쁘기 때문에 5분 정도의 짧은 시간 내에 설득을 해서 도장(사인)까지 받아내야 한다. 일단 윗분들의 허락을 받았다면, 이제는 아랫사람들에게 설명하고 그들에게 동기부여를 해야 한다. 역시 커뮤니케이션이 필요한 부분이다. 또한 인접 부서와의 관계, 나와 대등한 입장의 사람들과의 회의나 토의, 심의에도 비즈니스 커뮤니케이션은 필요하다.

경영학에서는 이러한 사람들을 '내부고객(Internal Customer)'이라고 통칭한다. 외부고객(External Customer), 즉 시장에서 만나야 하는 고객들처럼 사내동료들에게도 고객관리, 고객만족, 고객 커뮤니케이션이 필요하다는 의미다. 한마디로 '사내 비즈니스 커뮤니케이션'이란 내부고객을 만족시키기 위한 협상기술을 의미한다.

그동안 많은 여성 관리직 임원들을 만나면서 남자와 여자는 사내 비즈니스 커뮤니케이션 방식에 큰 차이가 있음을 알게 됐다.

"전달한 말이 아래 직원들에게 제대로 전달되지 않았다고 생각되면 중간간부들에게만 맡기지 않고 직접 직원들과 만나서 이야기합니다. 그래야 일이 빨리 풀려요."

얼마 전, 벤처기업에서 일하는 여성 임원을 만났을 때 직접 전해들은 이야기다. 남자들은 대부분 윗사람이 중간을 무시하고 아래 직원과 직접 이야기하는 것을 매우 불편해 한다. 아주 시급한 경우가 아니면 여성 임원의 이런 행동은 중간간부의 체면을 뭉개는 행위로 비춰질 수 있다.

대부분의 기업에서 남자 임원들은 직속 부하인 중간간부에게 자신이 생각하는 방침이나 의도 등을 자세히 전달하고 나머지 일은 중간간부에게 일임하는 게 보통이다. 임원이 상대하는 사람은 주로 중간간부. 부하 직원들을 움직이는 것도 중간간부들이다. 이 룰이 깨어지면 중간간부들은 '나는 임원에게 신뢰받지 못하고 있다'고 괴로워하며 퇴근 후 소줏집에 들르는 빈도가 점점 늘어난다.

한 중소기업의 남성 관리직 사원들을 대상으로 한 연수 때 들은 이야기다.

"우리 부서에 있는 당돌한 여사원 때문에 골치가 아파요. 부서 내에서 해결해야 할 골치 아픈 일이 있을 때 그 여사원은 시키지도 않았는데 제멋대로 사장님을 만나 해결하고 돌아와서는 막 자랑을 합니다. 점심때 우연히 식당에서 사장님을 만났을 때 말을 꺼내 '오케이'를 받아냈다는 거예요. 이런 일이 자주 있어 그 여자 앞에서는 함부로 말을 꺼낼 수 없어요."

위의 두 사례를 보면 알 수 있듯이 남녀 간에는 암묵적인 룰에 있어서 차이가 있다. 사무실에서 남녀 차이에 따른 트러블이 종종 생기는 것은 이 때문이다. 단적으로 말하면, 남성사회는 '수직적인 사회'인 반면, 여성 사회는 '종횡(縱橫) 자유사회'라고 할 수 있다. 여성들은 상황에 따라 그때그때 적합한 수단을 유연하게 선택하여 성과를 끌어낸다. 게다가 납득이 가지 않으면 행동할 수 없는 감정의 뇌와 공감의 뇌가 발달해 있다. 따라서 상명하복에 익숙한 남자들과 달리 필요할 때는 임원이라도 밑으로 내려가 아래 사원들과의 직접 커뮤니케이션을 꾀하려 든다. 아래 사람이라도 명령이 아니라 상대의 이해, 납득을 얻고 협력을 요청하는 수법이다.

반면, 오랫동안 '수직적인 사회'에서 살아온 남자들에게는 "윗사람이 시키는 일이니 해야지 뭐…."라는 생각이 통한다. 여성들은 아무리 상사가 시키는 일이라도 스스로 납득이 가지 않으면 행동으로 잘 옮기지 못하는 경향이 있다. 요즘 세계적으로 여성 정치인이 국가 지도자로 부상하고 있는 것은 국민과의 소통, 부하들과의 소통에 유연한 여성 리더십 때문이 아닌가 여겨진다. 재미있는 현상은, 요즘 강의장에서 만나는 젊은 남자 사원들은 여성적 성향에 가까워지고 있다는 사실이다. "조직도 중요하지만 개인이 더 중요하다."며 기존의 '수직적인 사회'의 룰을 벗어나려고 한다.

하지만 아직도 우리 기업에서는 '수직적인 사회'의 룰이 지배하고 있다. 우수한 여성들이 이러한 룰을 모른 채 행동하다가 남자 직원들의 협력을 얻어내지 못하고 제대로 평가받지 못하는 일이 종종 벌어지는 것 또한 사실이다.

협상은 조직 밖에서만 필요한 것이 아니라 조직 안에서도 필요하다. 이른바 '사내 협상'을 할 때 남녀의 차이점을 알아두면 적잖이 도움이 될 것이다.

2. 사외 비즈니스 커뮤니케이션

기존고객, 잠재고객 등 시장고객을 포함하여 고객사, 협력사, 투자자 등 회사 밖의 사람들, 즉 외부고객을 만날 때 필요한 비즈니스 커뮤니케이션으로 주로 다음의 세 가지 역량, 즉 프레젠테이션(Presentation), 설득(Persuasion), 협상(Negotiation)을 포괄하는 개념이다.

'프레젠테이션'은 한 사람이 다수를 설득하는 기술이다. 예컨대 광고회사가 광고를 수주 받으려면 광고주들을 모셔놓고 광고 아이템과 콘셉트로 설득해야 하는데, 이것이 바로 프레젠테이션이다.

'설득'이란 상대방의 마음을 움직여 나와 같은 관점을 갖도록 만드는 기술이다.

'협상'은 가격이나 조건에 대해 상대방의 동의를 얻어내는 기술이다.

비즈니스 커뮤니케이션의 대가가 되려면 이 세 가지 역량을 모두 갖춰야 한다.

이성에 호소하는 '설명' vs. 감성에 호소하는 '설득'

'설명'이란 내가 알고 있는 것을 상대에게 전달하는 커뮤니케이션이다. 지식이나 정보 등에 기반하여 이성에 호소하게 되며, 그 '내용'이 중심이 된다. 따라서 설명에는 체계성과 논리성이 가장 중요하다.

그에 비해 '설득'이란 감정, 감성에 호소하여 상대방의 공감을 끌어내는 커뮤니케이션이다. 따라서 화법, 태도, 열정 등이 중요하며 진실성과 진지성이 설득의 성패를 좌우하게 된다. 많은 사람들이 간과하기 쉽지만, 설득 커뮤니케이션이 성공하려면 경청이 반드시 전제되어야 한다. 자신의 말을 진지하게 들어주지 않는 사람에게는 쉽게 마음의 문을 열 수 없는 법이다.

미국 UCLA의 심리학 교수 앨버트 메러비언(Albert Mehrabian)은 이렇게 말했다.

"말로 전달되는 언어적 콘텐츠는 전체 커뮤니케이션이 전달하는 의미 중 겨우 7%를 차지할 뿐이다. 나머지 93%는 비언어적 커뮤니케이션에서 나온다."

즉, 커뮤니케이션의 93%는 말의 내용이 아니라 신체언어 등 비언어적인 형태를 통해 전달된다는 것이다. 그의 연구결과에 따르면, 전체 의사소통의 7%가 대화의 내용을 통해, 38%는 음조나 억양 등 청각적 요소를 통해, 그리고 55%는 표정이나 몸짓, 자세 등 시각적 요소를 통해 이루어진다.

앞서 언급한 '설명'은 커뮤니케이션의 내용(7%)이 중요하지만, '설득'은 음성이나 말투, 말의 속도 등 청각적 요소(38%)와 시각적 요소(55%)가 중요한 것이다. 그런데 비즈니스맨 중에 설명은 잘하면서 정작 설득은 잘 못하는 사람들이 많다. 물론 설명도 중요하지만, 비즈니스 협상에서 설득에 실패하면 계약이 어려우므로 애초의 설명도 무의미하게 된다.

협상의 청사진 'PEAR 사이클'을 기억하라

냉정한 비즈니스의 세계라고 해서
인간관계의 중요성을
과소평가해서는 안 된다.
협상에서는 합의보다는
합의 이후가 더 중요할 때가 많다.
일단 합의를 했다면,
협상의 모든 과정과 결과를 분석하는 한편,
합의 내용을 충실히 실행하도록
노력해야 한다.

나도 좋고 상대도 좋은 게
최고의 협상

모든 인간관계에는 필연적으로 상호 이해관계가 얽혀 있다. 고객은 보다 유리한 조건에서 욕구를 충족하고 싶어하고, 판매자 또한 자신에게 유리한 조건을 희망한다. 협상은 나의 이득과 함께 상대방의 이득이 있어야 성립된다. 이때 서로의 조정 과정이 필요하다.

이것이 실패하면 협상 자체가 무산될 수도 있고, 설령 협상에 성공한다손 치더라도 '윈-윈'이 아니라 '승패'의 관계가 되는 경우가 많다. 성공적인 협상을 위해서는 협상의 모든 과정에 대한 청사진을 가지고 계획적으로 대응해야 하는데, 사전에 반드시 기억해야 할 4단계가 있다. 이른바 'PEAR 사이클'이다.

- Preparation(준비) : 사전에 협상을 위한 계획을 세우는 것.
- Encounter(관계 형성) : 협상 당사자가 인사를 나누고 좋은 분위기를 조성하는 것.

- Agreement(합의에 의한 절충) : 서로가 합의를 위해 절충, 대화, 흥정하는 것.
- Relationship(관계 지속) : 협상 후 서로 합의한 사항을 성실히 실행하여 좋은 관계를 지속하는 것.

냉장고를 사기 위해 전자대리점에 간다고 하자. 대부분의 사람들은 무작정 매장을 찾아가 직원에게 문의하거나 직접 둘러본다. 하지만 보다 좋은 물건을 좋은 가격에 사려면 사전에 신문광고나 카탈로그, 인터넷 정보 등을 뒤져보고 메이커, 용량, 성능, 가격, 지불조건, 배송일 등 내가 원하는 기준을 세워두는 것이 아무래도 유리하다. 이것이 PEAR 사이클 중에서 첫 단계인 'P(Preparation)'이다.

이제 직접 전자대리점에 가서 매장 직원이나 사장과 대화를 나눠본다. 먼저 날씨나 동행한 자녀 등을 화제로 세상사 이야기를 하며 서로의 거리감을 없앤다. 이때 서로에 대해 좋은 느낌을 갖게 되면 이어지는 대화는 신바람이 날 것이다. 반대로 직원이나 사장이 별로 탐탁지 않게 여겨지면 상담은 더 이상 진행되지 못하고 다른 대리점으로 발길을 옮기게 될 것이다. 이 부분이 두 번째 단계인 'E(Encounter)'다.

이제 본론으로 들어가, 내가 염두에 두었던 모델에 대해 매장 직원이나 사장과 두루 대화를 나눈다. 뭐니 뭐니 해도 가능한 한 싸게 사기 위해 절충하는 것이다. 이것이 세 번째 단계 'A(Agreement)'다.

모델이 결정되고 가격 절충도 끝나 구매를 결정했다고 해서 협상이 끝난 것은 아니다. 정확히 언제까지 배달해줄 것인지, 제

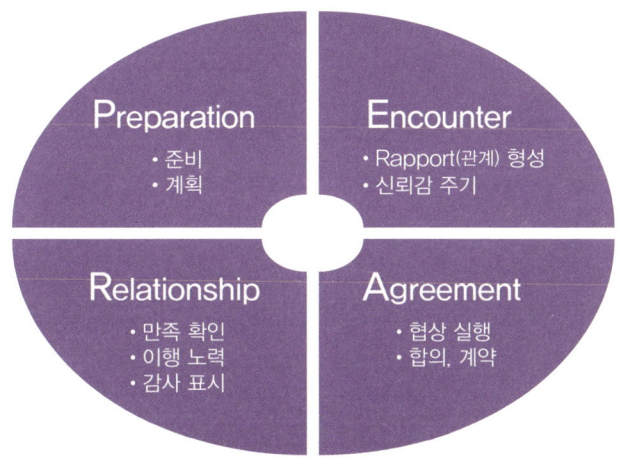

품에 하자가 있다면 즉시 교환해줄 것인지, A/S를 언제까지 해줄 것인지도 중요한 협상내용이 된다. 이것이 마지막 단계인 'R(Relationship)'이다.

이처럼 모든 협상에는 'PEAR 사이클'이라는 4단계가 있다. 이 PEAR 사이클이 구체적으로 어떻게 전개되는지 차례로 알아보자.

Preparation(준비)
-협상의 출발이다

어떤 일이든 사전에 계획하여 예상하고 있으면 자신감을 갖고 협상에 임할 수 있다. 치밀하게 계획하고 준비하면 돌발 상황이 벌어져도 당황하지 않는다. 협상을 할 때 자신이 얻고 싶은 것,

얻고자 하는 조건, 그것을 위해 이쪽에서 양보하지 않으면 안 되는 타협점 등을 미리 결정해두면 실제 협상에서 시종일관 냉정하게 대처할 수 있다.

준비 사항들은 반드시 적어놓아야 한다. 적어놓지 않은 것은 계획이 아니다. 실전 협상은 엄청난 긴장과 스트레스의 연속이므로 준비 사항을 적어놓지 않으면 아무 생각도 안 날 때가 많다. 적어둔 준비 사항이 없으면 협상이 끝난 다음에도 그것이 성공한 협상인지 실패인지 명확히 파악이 안 되는 경우도 많다.

그렇다면 협상에 앞서 구체적으로 무엇을 준비해야 할까.

1. 협상의 목적과 구체적 목표를 파악한다

무엇을 얻고자 하는가를 명확히 할 필요가 있다. 이번 협상의 목적은 무엇인가?

예컨대 냉장고를 사는 게 목적이라고 하면, 그것을 '얼마에' '언제 배송을 받고' '돈을 어떻게 지불할 것인지' 등이 구체적인 목표가 된다. 이 모든 것을 사전에 파악해둔다.

2. 협상항목을 열거하여 정리한다

상대와 만날 때 제시할 사항은 무엇인가. 냉장고를 구매하고자 한다면 가격뿐만 아니라 지불조건, A/S 기간 등 구체적으로 어떤 것들을 협상할 것인지 그 항목을 사전에 명확히 해둘 필요가 있다. 상대도 나름대로 협상항목을 가지고 있을 가능성이 크므로 상대의 포인트가 무엇인지를 미리 예상해두는 것도 중요하다.

또한 이 협상항목들을 상대에게 어떻게 프레젠테이션하면 좋을까, 어떠한 순서로 얘기하면 좋을까 등의 계획도 확실하게 세워둘 필요가 있다.

3. 모든 정보를 수집한다

'협상 상대는 누구인가' '상대에 대해 어느 정도 알고 있는가' '상대의 협상스타일, 접근방법은 어떠한가' '상대의 성격은 어떠한가' '경쟁사가 제시한 조건은 무엇이었나' 등에 대해 어느 정도 정보를 알고 있으면 협상이 유리해진다.

협상 장소와 협상 시간도 중요하다. 시간과 장소 등 환경적 요소에 따라 협상이 유리하게도, 불리하게도 돌아갈 수 있기 때문이다. 또한 상대의 강점과 약점, 경제적 또는 인간적 입장, 기타 상황 등을 사전에 알면 협상은 그만큼 쉬워질 것이다. 이때 유념해야 할 것은, 상대의 정보는 최대한 수집하되 나의 정보는 최대한 감춰야 한다는 사실이다.

IMF 외환위기가 닥쳤을 때 어려움에 빠진 여러 국내기업들은 절박한 심정으로 외국기업들과 매각협상을 벌이고 있었다. 그런데 그 무렵 재정경제부의 고위관료들은 기자들 앞에서 이런 말을 공공연히 했다.

"연말까지 부채비율을 200%까지 조정하지 못하는 기업들은 퇴출시키겠다."고 말이다. 이는 마치 내 집이 곧 경매에 넘어가게 되어 다만 몇 푼이라도 더 건지려고 구매자와 협상을 벌이고 있는데 옆집 사람이 찾아와서 걱정해준답시고 "이 집이 곧 경매로 넘어간다면서요?"라며 호들갑떠는 꼴이다.

  결국 많은 외국기업들이 협상을 중단하고 돌아갔다. 조금만 기다리면 저절로 떨어질 단감을 굳이 위험을 감수하면서까지 나무 위로 기어 올라가 따먹을 필요가 없었던 것이다. 이는 우리 관료들에게 협상 마인드가 없어서 벌어진 어처구니없는 일이었다.

4. 협상 장면의 분위기 연출을 생각해둔다

좌석배치 | 다음 세 가지 형태 중에서 가장 우호적인 좌석배치는 무엇일까?

[가]보다는 [나], [나]보다는 [다]가 더 우호적인 분위기를 연출할 수 있는 좌석배치다. 처음 만나 관계형성이 안 되었을 때는 [가]처럼 앉기 마련이다. 그러다 밥도 같이 먹고 얘기도 나눠본 뒤 조금 친숙해졌다면 협상의 고수는 다음번 만남에서 [나]처럼 앉는다. [나]처럼 앉을 경우, [가]보다 협상시간은 적게 소요되는 반면 성사율은 훨씬 높아진다.

  인간은 그만큼 심리적인 동물이다. [다]의 좌석배치는 할 이야기 다 끝나고 도장을 찍자는 것이다. 이처럼 상대와의 접촉빈도에 따라 앉는 위치도 계획해야 한다.

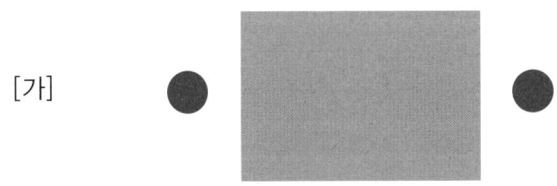

[가]

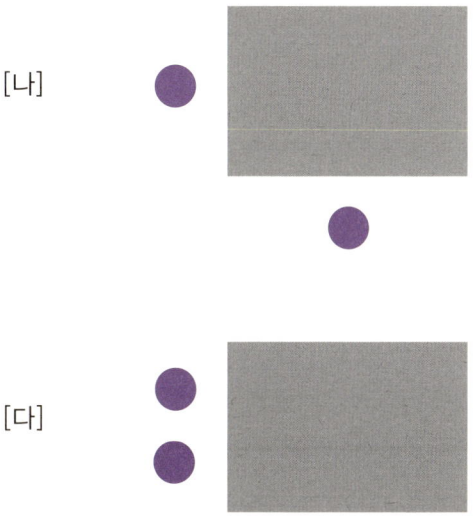

장소 | 협상을 어디서 진행하는가도 중요한 포인트다. 원칙적으로, 상대 쪽으로 가기보다는 자기 쪽으로 상대를 초청하여 진행하는 편이 협상에 훨씬 유리하다. 만약 상대방이 와달라고 요청하는데 내게 선택의 여지가 있다면 상대 쪽으로 가기보다는 커피숍과 같은 제 3의 장소에서 만나는 것도 좋은 방법이다.

시간 | 나에게 유리한 시간을 선택하는 것도 중요하다. 모피코트를 여름에, 바캉스용품을 겨울에 산다면 얼마나 낮은 가격으로 살 수 있을지를 생각해보라. 전세 계약기간이 끝나서 집을 새로 구해야 하는데, 3개월 여유가 있는 사람과 6개월 여유가 있는 사람의 입장은 전혀 다르다. 시간적 여유가 있다는 것은 그만큼 선택의 여지가

많다는 의미이므로, 6개월 여유가 있는 사람에게 5,000만 원의 여유자금이 더 있다고 볼 수도 있는 것이다.

그렇다면 '을'의 입장에서 '갑'에게 의사결정을 얻어내기에 가장 유리한 시간은 언제일까? 답은 '오후 5시 전후'다. 사람은 누구나 마찬가지여서, 퇴근시간에 가까워지면 성가신 일을 빨리 마무리 짓고 홀가분한 마음으로 퇴근하고 싶어한다. 3시에 가면 시달리기만 하지만 5시 30분에 가면 사안에 따라 매우 쉽게 협상이 될 때가 많다. 주 5일제에서 금요일 오후 5시는 을이 갑과 협상하기에 좋은 황금시간대다.

반대로 당신이 갑이라고 한다면 5시 30분은 불리한 시간대다. 을이 5시 30분에 온다고 하면 3시에 오라고 해야 한다. 그 시간에는 안 되겠다고 한다면 다른 날 오라고 해야 한다. 협상에서는 나에게 유리한 시간, 상대에게 불리한 시간이 분명히 있다. 그 시간을 잘 가려 선택하는 것이 중요하다.

그런데 놀랍게도, 수억 원이 왔다 갔다 하는 대형 비즈니스나 부동산 매매협상을 할 때 자신에게 유리한 시간대를 고민하는 사람은 그리 많지 않다.

사실 우리는 학창시절에는 부모님께 용돈을 타내야 할 때마다 자신에게 유리한 시간대를 고민하며 성장해왔다. 아주 어릴 때 우리가 부모님께 용돈을 받기 위해 선택하는 시간은 손님이 왔을 때다. 아버지가 한창 손님과 대화를 나누고 있을 때, "아버지 천 원만 주세요."라고 말하는 것이다.

더 커서는 방법이 좀 더 교묘해진다. MT 전날 10만 원만 달라고 하면 아버지는 "어디서 자느냐, 누구와 가느냐, 꼭 가야 하느냐, 안 가고 그냥 공부하면 안 되느냐"고 잔소리를 하면서 돈도 안 주실 가능성이 높다. 그래서 MT 당일 아침 학교 가기 직전(더 영악한 아이들은 심지어 나갔다 다시 돌아오기도 한다)에 10만 원만 달라고 얘기한다. 부모님이 뭐라고 말이라도 할라치면 학교에 늦는다며 부모를 압박한다. 그러면 대개 "일단 줄 테니까 갔다 와서 얘기하자"면서 돈을 내주기 마련이다.

복장 | 인간은 자신과 비슷한 사람에게 본능적으로 호감을 느낀다. 협상에 나설 때는 상대와 비슷한 스타일의 옷을 입는 것이 좋다. 'Like'라는 영어 단어는 '좋아한다'는 뜻과 함께 '비슷하다'는 뜻도 가지고 있다. 사람은 본능적으로 자신과 비슷한 사람을 좋아하게 마련이다. 드레스 코드가 캐주얼한 업체로 협상을 하러 간다면 나도 캐주얼한 의상을 입는 게 좋다. 복장도 협상이다.

대립하게 될 경우에 대한 준비 | 협상이 늘 내 생각대로 진행되는 것은 아니다. 오히려 잘못되는 경우가 많다. 따라서 사전에 예상되는 대립점은 무엇인가, 상대가 요구하는 척하는 것과 진짜로 필요로 하는 것은 무엇인가를 간파할 필요가 있다. 그로부터 구체적으로 대립하게 될 지점을 예측해둔다.

타협점과 해결점의 모색 | 대립점을 해소하기 위해서는 어떤 방법을 취하는 것이 좋을까? 대립점을 해소하기 위한 상대의 태도는 어떠

할까? 그것에 대한 이쪽의 대응책은? 타협을 한다면 어디까지 타협할 수 있을 것인가? 타협이나 양보를 하되 언제 하는 게 좋을까? 나의 양보에 대해 상대에게는 무엇을 요구하면 좋을까? 이러한 문제들도 사전에 고려하여 준비해둘 필요가 있다.

타협 후의 처치에 대한 준비 | 협의를 마친 뒤에는 정식 동의서를 교환할 것인가? 일단 타협을 했다손 치더라도 각자 돌아가 상사에게 확인받을 필요가 있는가? 확인이 필요하다면 얼마만큼의 시간이 소요될 것인가? 최종 타협이 되었다면 동의한 것들을 성실히 이행하기 위한 조건이나 단계는 어떻게 하면 좋을까? 이러한 문제들을 점검해둔다.

Encounter(관계형성)
−공감대를 만들라

아무리 조급한 남성이라도 처음 만난 여성에게 청혼할 수는 없다. 최소한 몇 차례는 데이트를 하고, 집으로 초대하여 식사도 해보고 하면서 서로를 잘 알게 되었다고 느껴야 비로소 청혼을 할 수 있다. 협상에서도 마찬가지다. 생판 모르는 사람과는 협상할 수 없다. 협상은 사람 간의 흥정이다. 따라서 잘 아는 사이라면 더욱 쉽게 이루어질 수 있다. 반대로 싫은 사람, 혐오스러운 사람과는 협상하기가 힘들다.

사람은 모르는 사람과는 거래하지 않는다. 따라서 협상에 임하기 시작하는 시점에서는 조건이나 거래에 관한 이야기를 가급적 피하고, 자신과의 거리나 관계를 확인하면서 우호적이고 편안한 분위기를 만들 필요가 있다.

예를 들어, 점심식사를 하기 위해 직장동료들과 함께 식당에 갔는데 지갑을 책상서랍에 두고 온 것을 뒤늦게 깨달았다고 하자. 누군가에게 돈을 빌리긴 빌려야겠는데 누구에게 빌릴 것인가? 생면부지의 사람이나 평소 거리감이 있는 동료에게 "미안합니다. 지갑을 놓고 와서 그러는데 만 원만 빌려주십시오."라고 말하지는 않을 것이다. 아마도 그중에서 가장 가깝다고 여기는 동료에게 "미안한데, 만 원만 좀 꿔줘."라고 부탁한다. 이때 그 회사동료도 "빌려줄 테니 차용증을 써."라든가 "그럼 저 친구에게 증인을 서달라고 하지."라는 식으로 말하지는 않는다. 왜냐하면 그 동료는 당신을 믿기 때문이다.

누군가를 카운슬링하려면, 내가 그 사람에게 모든 것을 솔직히 털어놔도 좋은 사람이라는 신뢰를 먼저 주지 않으면 안된다. 그러한 신뢰가 구축되고 나서야 비로소 제대로 된 카운슬링이 가능해진다. 상담심리학에서는 이렇게 '전적으로 신뢰하고 있는 상태'를 '라포(Rapport) 상태'라고 한다.

이렇게 전적으로 신뢰하는 관계를 조성하는 것이 협상에서도 매우 중요하다. 그렇다면 비즈니스 협상에서는 어떻게 라포 상태를 만들 것인가?

첫 번째, 무엇보다 내 마음이 안정된 상태에서 협상에 나서야 한다. 마음이 들뜨거나 초조한 상태에서 협상을 하게 되면 100% 실패한다.

두 번째, 상대와 신뢰관계를 형성하려면 상대와의 공통점에 초점을 맞춰야 한다. 협상 초기에 상대방은 최초의 경험, 낯선 상황에 대한 불안·배타·의심이 있기 때문에 방어적이 될 수밖에 없다. 하지만 공통점을 발견하게 되면 친밀감을 가지게 된다. 이러한 공통점을 '공감존(Zone)'이라고 하고, 공감존을 구축하는 능력을 '공감력'이라고 한다. 이에 대해서는 뒤에서 다시 살펴보도록 하자.

지난 50년 간 국내 정치권에서 즐겨 활용했던 공감존의 소재는 무엇일까? 바로 날씨다.

여야 영수회담이 어렵게 성사되어 야당대표가 청와대로 찾아가면 대통령은 으레 "날씨가 참 많이 풀렸지요?"라고 말한다. 그러면 야당대표는 "우리 정치도 이렇게 풀려야 하는데 말이죠."라고 답한다. 아무것도 아닌 것 같지만 상대와 이 정도의 공감존도 없으면 아예 커뮤니케이션이 불가능한 상황으로 봐야 한다.

흔히 골프를 비즈니스맨의 필수인 것처럼 이야기하는 것도 비슷한 맥락이다. 중요하고 심각한 협상에 앞서 골프 이야기로 공감존을 형성하면 촘촘하던 방어벽이 풀려 이후 협상이 수월해지기 때문이다.

'Encounter'에 신경 쓰지 않으면 좋은 윈-윈 협상을 할 수가 없다. 'Encounter'가 안 됐다면 'Agreement'도 서두르면 안 된다.

Encounter가 완벽해졌다고 판단된 연후에 Agreement를 주고받아야 한다.

Agreement(협상실행)
−군더더기를 없애라

　　　좋은 관계를 맺고 좋은 분위기를 만드는 데 성공했다면 바야흐로 구체적인 협상에 들어갈 차례다. 이 단계에 들어갈 때는 명확한 청사진을 가지고 있어야 한다.

지난 미팅에서 합의했던 내용을 확인하고 이번 미팅에서 결론을 내야 할 항목들을 미리 정해놓고 협상에 임하면 협상이 지루해지지 않고 군더더기가 없어진다.

이 단계에서는 절충, 대화, 흥정, 궤도수정, 양보, 타협 등 구체적인 실무테크닉이 필요하다. 이 가운데서 '흥정'이란, 효과적으로 상대를 설득하여 자신의 양보를 최소화한 상태에서 상대의 양보를 이끌어내는 기술을 말한다. 흔히 '협상술'이라고 하면 이 부분을 의미한다.

예컨대 내가 갖고 있는 토지를 2억 원에 팔려고 할 때, 처음에는 "2억 5,000만 원이면 어떻겠습니까?" 하는 식으로 말을 꺼낸다. 이렇게 처음에는 다소 비싸게 가격을 부른 뒤에 협상을 거치며 목표가인 2억 원에 근접해간다. 이것이 흥정의 한 방식이다.

다음은 Agreement의 5단계다.

1단계 : 상대에게 협상목적과 협상목표를 이야기한다

여기서 준비해두어야 할 것은,
- 이 협상으로 얻을 수 있는 것은 무엇인가?
- 협상항목은 무엇인가?
- 협상이 끝난 시점에서 어떠한 결과를 바라고 있는가? 즉, 내가 얻고자 하는 것은 무엇이고, 상대에게 줄 수 있는 것은 무엇인가?
- 이 협상이 필요로 하는 시간적, 경제적 제약은 무엇인가? 등이다.

이 4가지 포인트는 반드시 종이에 적어둘 필요가 있다. 또 가능하다면 상대측이 생각하고 있을 이 4가지 사항에 대해서도 알아봐야 한다. 이러한 정보를 얻으려면 처음부터 상대에게 질문을 하는 게 좋다. 물론 질문에 대해 모든 답을 얻지 못할지도 모른다. 그러나 서로의 협상목적과 최종목적에 대해 쌍방이 납득하지 않으면 결국 대화가 엇갈리고 만다. 그래서 처음 인사를 끝내고 우선 세상사나 공감존 설정 등 마음을 터놓을 수 있는 분위기를 만든 뒤에 서로 협의할 목적과 각각 달성하고자 하는 목표를 명확히 설정하는 게 좋다.

예를 들어, 기업체에 연수프로그램을 제공하고 있는 필자와 기업체의 연수담당자 사이에 다음과 같은 대화가 성립될 수 있다.

담당자 : "협상력 향상 과정을 영업사원 교육에 도입하려고 하는데, 그 건에 대해 이야기 하고 싶습니다."

필자 : "알겠습니다. 우리 회사의 TNT 협상 과정이 도움이 되

었으면 좋겠습니다."

이 단계에서는 구체적인 비용이나 일정, 연수인원, 문제점 등을 이야기할 필요가 없다. 상세한 조건에 대해서는 일절 말을 꺼내지 않는 것이다. 이제부터 적극적으로 서로 생각하고 있는 사항을 조정해나가자는 것만 확인하면 그것으로 충분하다.

다만, 솔직한 상대의 마음을 알기 위하여 뭔가 미진하게 느껴지는 점이 있다면 상대에게 질문하여 반응을 기다려야 한다. 어쨌든 이 단계에서는 적의를 보이거나 자기방어적이 되어서는 안 된다. 무엇보다 협력적으로 상호신뢰적인 분위기를 만드는 것이 포인트다.

2단계 : 협상항목을 분명히 한다

실전에서는 많은 문제점들이 복합적으로 나타난다. 한 가지 문제가 겨우 해결되었다 싶으면 이내 다른 문제점이 튀어나오는 곳이 바로 협상테이블이다.

예를 들어, "이 기계의 장점은 충분히 알겠습니다. 가격도 좋습니다. 하지만 3년 동안 보증수리를 해주지 않으면 살 수 없습니다."라고 요구하는 경우가 있다. 이러한 포인트가 바로 협상항목이다.

이때 큰 문제점부터 이야기하는 방법과 작은 사항부터 하나씩 처리해가는 방법은 둘 다 일장일단이 있기 때문에 상황에 따라 판단하는 수밖에 없다. 이 경우에도 무엇을 어떤 순서로 협상할 것인가를 미리 종이에 써둘 필요가 있다. 만약 어느 정도 진행되어온 협상이라면 오늘의 미팅에서 조정해야 할 이슈를 상대방과 확인한다.

3단계 : 동의점과 대립점을 명확히 한다

일단 서로의 조건과 생각을 말한 뒤에는 동의할 수 있는 것과 동의할 수 없는 것이 대강 구분된다. 양자가 모든 사항에 동의한다면 애초부터 협상할 필요가 없으므로 대립점은 나올 수밖에 없다.

능숙한 협상가라면 상대와의 대립을 오히려 반긴다. 반론이 나옴으로써 앞으로 서로가 주고받을(Give and Take) 가능성이 분명해지기 때문이다.

일치하지 않는 점, 대립점, 쟁점들이 명확해지면 이제 적극적인 대화로 하나하나 풀어나가면서 한 방향으로 나아가 결론지을 수도 있을 것이다.

'바람(Hope)'와 '요구(Needs)'는 다르다. 그런데 협상자는 자신의 '바람'을 '요구'로써 얘기하는 경우가 대부분이다. 이때 능숙한 협상가라면 상대방의 진의를 살펴 어디까지가 '바람'이고 어디까지가 '타협점'인지를 찾아내지 않으면 안 된다. 이를 토대로 선뜻 양보를 하면서 상대에게 더 큰 양보를 얻어내겠다는 마음가짐이 필요한 것이다.

4단계 : 궤도를 수정하여 타협점을 확인한다

협상이 어느 정도 진행됨에 따라 동의점과 대립점이 명확해지면, 이제는 서로 타협이 필요하다는 것을 인식하여 목표의 수정도 염두에 두고 협상에 임해야 한다. 어떤 협상에서도 서로가 원하는 바를 100% 달성한다는 것은 거의 불가능하기 때문에 생각을 바꿔 궤도를 수정하거나 양보할 필요도 생기게 된다.

양보나 궤도 수정에서는 다음과 같은 '가정형 질문'이 필요해진다.
"운송비를 포함시켜 드린다면 가격을 좀 더 싸게 해주시겠습니까?"

이러한 가정형 질문은 유효한 타협점을 알기 위한 방법이다.
"예를 들면" "만약에"가 포함된 질문을 많이 할수록 상대의 진의를 더 많이 알게 된다. 반대로 상대가 가정형 질문을 할 경우라면 신중하게 답하지 않으면 안 된다. 무심코 상대의 페이스에 말려 나의 본심을 술술 털어놓는 꼴이 될 수 있기 때문이다.

만약 상대가 능숙한 협상가 스타일로 가정형 질문을 많이 사용하는 사람이라면 다음과 같은 방법을 사용해보자.

"정가에서 5%를 빼드린다면 기본 물량을 상향시켜 주실 수 있을까요?"
"음……. 정가에서 5%를 할인해주시겠다는 말씀이지요……."

'가정', 즉 상대에게 유리한 부분을 떼고 내게 유리한 부분만 반복하는 것이다. 이 '복창 테크닉'을 통해 우리는 다음의 세 가지 측면에서 유리한 입장에 설 수 있다.

1. 내가 상대의 제안에 아직 만족스러워하지 않는다는 느낌을 줄 수 있다.
2. 가정형 질문에도 불구하고 상대가 말한 조건(5% 할인)을 기정사실로 해버릴 수 있다. 즉 '5% 할인'을 기정사실로 하고, 거기서 한걸음 더 협상을 진전시킬 수 있다.

3. 상대가 말한 것을 복창함으로써 시간을 끌 수 있다. 상대의 제안이 의미하는 바에 대해 좀 더 생각해보고, 그사이에 회답을 생각하는 것이 가능해진다.

5단계 : 협의사항을 확인한다
대화의 결과 기본적인 사안에 대해 합의가 도출되었다면 다시 한 번 서로 정리한다는 의미에서 확인 작업이 필요하다. 또 합의사항과 관련하여 이제부터 어떻게 하면 좋을지 이야기해둘 필요가 있다. 이때 합의사항은 반드시 문서로 남겨야 한다. 문서로 정리함으로써 합의사항을 잊는다거나 오해가 생길 소지를 방지할 수 있기 때문이다.

문서는 함께 앉아 정리하는 것이 가장 좋다. 하나하나 검토하면서 정리하다보면 오해가 생길 수 있는 여지를 미리 없앨 수 있기 때문이다.

Relationship(이행노력과 감사표시)
−결과를 유지하라

미국의 사회심리학자 로버트 자이언스(Robert B. Zajonc)는 접촉빈도가 많을수록 호감도가 올라간다는 '숙지성(熟知性)의 법칙'을 주장한 바 있다. 상대와 접촉한 시간만큼 서로 간의 신뢰가 쌓이면 보다 나은 결과가 도출된다는 것이다. 이를 '노출효과(Exposure

Effect)'라고도 한다.

냉정한 비즈니스의 세계라고 해서 인간관계의 중요성을 과소평가해서는 안 된다. 협상에서는 합의보다는 합의 이후가 더 중요할 때가 많다. 일단 합의를 했다면, 협상의 모든 과정과 결과를 분석하는 한편, 합의 내용을 충실히 실행하도록 노력해야 한다.

물건을 팔았다면 상대방이 만족스럽게 사용하고 있는지, 고객에게 내가 한 약속은 잘 지키고 있는지, 내가 무엇을 더 하면 다음 계약에 도움이 되겠는지 등을 살펴야 한다.

이 책의 서두에서 예로 들었던 국내 자동차업체 D는 미국계 기업 F와 매각에 대한 합의에는 성공했지만 '합의 이후'에 소홀했기 때문에 그런 낭패를 겪은 것이다.

10여 년 전 필자의 회사인 ㈜위캔HRD에서 프레젠테이션과 협상을 가르치는 미국의 한 유명한 컨설팅 회사와 프로그램 도입과 관련 협상을 진행한 적이 있다. 그 회사 CEO와의 협의를 통해 국내 도입의사를 전해 주었고 이내 협상이 진행되었다. 그는 협상의 고수답게 실로 능숙한 프레젠테이션을 통해 우리로 하여금 로열티를 지불하도록 설득했다. 협상은 시종일관 그의 주도로 이루어졌고, 결국 우리는 그가 제안하는대로 계약서에 서명했다.

그런데 나중에 계약서를 잘 검토해보니 우리 쪽에 불리한 조건이 몇 가지 있음을 발견하게 되었다. 그래서 전화와 팩스로 몇 번이나 그와 상담했지만, 그는 계약서를 구실로 조건을 변경하는 것은 절대 불가능하다고 했다. 우리는 달리 방법이 없어 계약을 해지할 수밖에 없었다. 다행히 아직 양사가 계약사항을 이행하기 전이어서 서로 투자한 것이 없었고, 또 계약서에는 계약해지에 따른 위약금 조항이 빠져 있었기 때문에 큰 어려움 없이 문제를 해결할 수 있었다.

그 CEO는 자신의 생각을 능숙하게 제시하여 좋은 조건으로 계약을 성립시켰지만 계약 후에 우리 회사의 협력을 얻지 못해 결과적으로는 협상에 실패하고 말았다. 계약 후에는 자신이 책임져야 할 부분을 성의 있게 이행하고, 상대로부터 정기적으로 피드백을 받을 수 있는 시스템을 만들어 지속적인 관계 조성을 추진하는 게 바람직한 협상자의 태도다. 이것이 좋은 협상의 네 번째 단계다.

영국의 의학자 윌리엄 오슬러(William Osler)는 "사전에 주도면밀한 계획을 세워놓으면 이상하게도 일이 예상한 방향대로 진행된다."고 말했다. 이 말은 준비와 계획을 철저히 하면 협상의 모든 과정을 자신이 주도해 갈 수 있다는 의미이다. 협상의 전체를 조망할 수 있는 청사진을 갖고 있으면 어떤 돌발 상황에서도 나를 지킬 수 있고, 협상을 올바른 방향으로 이끌어갈 수 있다. 'PEAR 사이클'은 협상의 청사진이다.

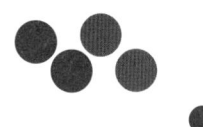

협상 고수에게 배우는 협상 태도

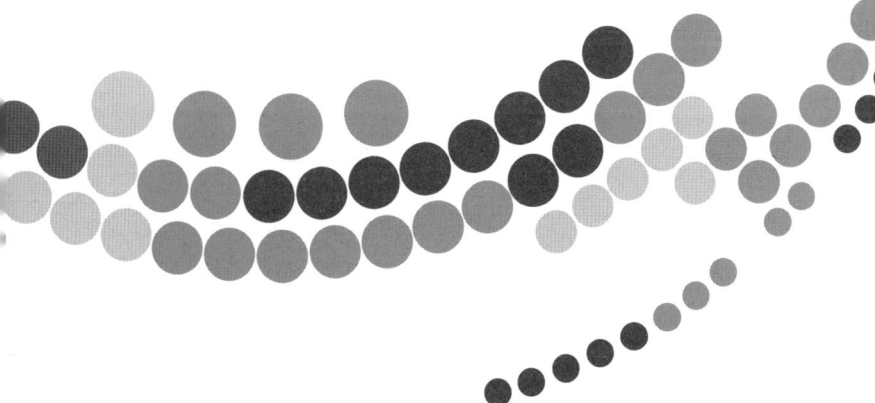

'참지 말고, 공격하지 말고,
말하고 싶을 때 말하고 싶은 것을
말하고 싶은 방식으로 말한다'는
어설티브한 사고방식을 기억하자.
다시 한 번 강조하지만,
"태도가 말을 한다!"

공격적 태도
vs. 복종적 태도

주유소에 기름을 넣으러 가서 5만 원어치만 넣어달라고 했다. 그런데 잠시 뒤 주유원이 오더니 "선생님, 10만 8,000천 원 가득입니다~."라고 얘기한다. 이럴 때 어떻게 대처할 것인가?

"5만 원어치만 넣으라고 했잖아요!" 하고 따지면서 애초에 자신이 말한 바대로 관철시키는 방법이 있을 것이다. 기름을 다시 빼거나, 초과한 금액을 지불하지 않는 방법이다. 또는 "아, 정말 바쁜데…. 그럼 카드로 결제해줘요."라고 말하면서 언짢아하지만 상황을 받아들이는 방법이 있을 것이다. 그 두 가지 방법으로 대처했다면 다시 그 주유소에 갈 확률은 거의 없다고 볼 수 있다. 두 경우 모두 윈-윈의 결과가 아니기 때문이다.

결혼기념일에 부부가 함께 고급 스테이크하우스를 찾았다. 종업원이 친절하게 "고기는 어떻게 해드릴까요?" 하고 묻길래, "우리는 부드러운 게 좋으니 둘 다 레어(rare)로 해주세요."라고 말했다. 잠시 뒤 고기가 나왔는데 레어는커녕 미디움도 웰던도 아니고 아예 바싹 구워진 하키팩 같았다.

"아니, 분명히 레어를 시켰는데 고기가 왜 이래요?"
"아, 정말 죄송합니다. 지금 주방이 하도 붐벼서 뭔가 착오가 있었던 모양입니다."
"그럼 다시 해줘야 할 거 아녜요."
"당연히 그렇게 해드려야 하겠지만, 지금 주문이 하도 밀려 있어서 다시 준비하려면 한 시간 정도 걸릴 것 같은데, 그래도 기다리시겠습니까?"

이때 보일 수 있는 반응은 대개 두 가지다. "나는 한 시간 아니라 서너 시간도 기다릴 수 있으니 다시 해오세요."라고 말하는 방법과 "그럼 할 수 없죠. 그냥 먹을게요."라고 말하는 방법이다. 하지만 이 역시 어느 쪽도 윈-윈은 아니므로 다음 기념일에 그 레스토랑을 다시 찾아갈 확률은 거의 없다.

일반적으로 협상에 나선 사람들은 위와 같은 두 가지 태도 중 하나를 취한다. 이때 내가 원했던 결과를 끝까지 고수하려는 스타일을 가진 사람은 '공격적 태도'의 협상가라 하고, 내가 원치 않은 결과를 받아들이고서 나중에 후회하는 스타일의 협상가는 '복종적 태도'의 협상가라 부른다. 그런데 이런 상황에서 우리가 취할 수 있지만 잘 모르는 또 한 가지 태도가 있다. 그것이 바로 협상 고수들이 주로 취하는 'Assertive'한 태도이다. 이를 번역하면 '확신에 찬, 자기주장이 강한, 적극적인 태도'라고 할 수 있다.

협상가에게 필요한
'Assertive'한 협상 태도

　　미국의 역사는 약 240여 년이지만, 'Assertive'라는 단어가 사전에 등재된 것은 70여 년밖에 되지 않았다. 240여 년 미국사는 흑인 차별의 역사였다. 주유소에서도 레스토랑에서도 흑인들은 불이익을 당할 때가 많았다.

　　실제로 과거 미국에서는 'White Only!'라는 팻말을 내건 레스토랑이나 화장실이 많았다. 이러한 차별에 직면할 때마다 흑인들은 보통 복종적 태도를 취했다. 그러다가 폭발한 것이 1960년대 말~1970년대 초의 흑인폭동이다.

　　이 사건을 계기로 백인사회는 큰 각성을 하게 된다. 일방적으로 한 쪽의 복종을 강요하는 것으로는 문제해결의 대안이 될 수 없고 결코 안정적인 관계를 유지할 수도 없다는 결론을 얻은 것이다. 오랜 세월 쌓인 불만과 분노는 언젠가 반드시 인내와 복종의 한계를 넘어 폭력적으로 변하게 마련이기 때문이다.

　　인권의 현실적인 의미를 자각한 미국 사회는 흑인폭동 이후 흑인들에게 'Assertive'한 태도를 권하기 시작한다. 이는 '참지 말고, 공격하지 말고, 말하고 싶은 것을 말하고 싶을 때 말하고 싶은 대로 말하라'는 사고방식인데, 이것이 오늘날 가장 훌륭한 윈-윈의 협상 태도로 인정받고 있는 것이다.

　　이웃 일본의 경우, 'Assertive'한 협상 태도를 가르치기 시작한 것은 미국과는 전혀 다른 이유에서 비롯되었다. 즉, 직장 내 성희롱에 대처하는 사고방식으로 여사원들에게 가르치기 시작한 것이다.

여러 면에서 한국보다 보수적인 일본사회에서 남녀 간 성차별과 직장 내 성희롱은 늘 심각한 문제다. 일본기업에서 근무하는 많은 여사원들이 직장 내 성차별과 성희롱을 그냥 참고 넘어가는 편이지만, 그 정도가 심하거나 잦은 경우에는 결국 폭발하여 매스컴에 고발하거나 법정싸움으로까지 번지는 경우도 있다.

가장 대표적인 예가 한 일본 자동차회사의 미국 현지법인에서 일어났던 사건이다. 일본인 매니저가 미국 여사원을 성희롱하여 미국 법정에서 소송이 벌어졌는데, 재판 결과 회사 측에는 400만 달러의 배상금이 선고되었다. 하지만 400만 달러의 문제가 아니라 미국 시장에서 일본 자동차의 브랜드 가치가 크게 떨어졌다는 것이 더 치명적인 손실이었다. 일본 기업 등의 경우 직장 내 성희롱이 자꾸 사회문제가 되자 1990년대 중후반부터 여사원들에게 'Assertive'한 사고방식을 가르치기 시작했다. 아주 일리 있는 조치라 생각된다.

이제 세 가지 유형의 협상 태도에 대해 좀 더 자세히 알아보자.

1. 공격적 태도

타인의 권리를 침해하면서까지 자신의 이익을 지키거나 자신의 생각이나 감정, 신념을 과도한 방식으로 표현하는 스타일이다. 공격은 타인에게 희생을 강요하고 타인을 멸시하는 것이다. 이것은 자기 의견이 타인의 의견보다 중요하다는 생각에서 비롯된다. 타인이나 외적 요인에 책임을 전가하는 것, 경멸 내지 적의, 생색내기

등이 공격적 협상 태도의 특징이다. 상대방이 결코 좋아할 수 없는 스타일이라고 할 수 있다.

2. 복종적 태도
자신의 권리를 내세우지 않거나, 내세우더라도 상대방이 무시해버려도 좋을 만큼 소극적으로 표현하는 스타일이다. 자신의 생각, 감정, 신념을 표현하는 것이 마치 변명을 늘어놓는 것처럼 지나치게 신중하거나 아니면 너무 소심하여 아예 표현하지 않는 것만 못한 경우가 많다. 복종은 자신의 필요나 요구대로 행동하는 것이 아니라 타인이 시키고 주장하는 대로 행동하는 것이다. 늘 타인의 요구를 받아들이거나 자기 자신을 비하하여 장황하게 변명을 늘어놓는 것은 복종적 태도의 전형이다. 속으로는 억울해도 겉으로는 참는 스타일이라 할 수 있다.

3. 'Assertive'한 태도
타인의 권리를 침해하지 않는 범위에서 자신의 권리를 분명히 내세우는 것이다. 즉, 자신의 생각을 솔직하고 당당하게 표현함과 동시에 상대에게 이해를 구하는 것이다. 억울하지만 할 수 없이 참는 스타일도 아니고, 타인을 무조건 몰아붙이는 스타일도 아닌 '제3의 태도'라고 할 수 있다. 앞서 예로 든 주유소의 사례에서 'Assertive'한 태도란 어떤 것일까?

"5만 원어치만 넣으라고 했는데요?"

"어쩌죠…제가 워낙 바쁘다보니 정신이 없어서 그만…."
"더 넣은 기름을 뺄 수 있는 방법은 없나요?"
"제가 알바생이라 책임질 수 있는 방법이 없는데…어쩌지요?"
"할 수 없네요. 그럼 카드를 드릴 테니 계산해주세요. 그런데 기분이 영 안 좋네…. 생수라도 몇 통 더 갖다 줘요."

이렇게 말하면 휴지나 생수만 오는 게 아니다. 뒤따라 나온 주유소 소장에게 정식으로 사과도 받고 세차권도 받을 지도 모른다.

또 다른 사례 하나. 친구와 12시에 점심약속을 했다. 그런데 친구가 40분이나 늦게 들어오며, "여, 미안미안. 내가 일이 너무 바빠서…."라고 말한다. 이제 점심시간은 겨우 20분밖에 남지 않았다. 그때 나는 어떤 태도를 취할 것인가?

"그만두게. 약속은 12시였잖나. 40분씩이나 늦으면 어쩌란 말인가. 이제 두 번 다시 자네와는 식사약속을 하지 않겠어!" 하는 식으로 고압적으로 말할 것인가? 아니면 괘씸한 마음은 꾹 누르고 "됐어, 일이 바빠서 그런 걸 할 수 없지. 어서 식사나 하지."라고 말할 것인가. 이 두 가지 모두 상대와 내게 윈-윈이 되지는 못한다. 'Assertive'하게 말한다는 것은 이 두 가지와는 전혀 다른 제 3의 방법을 취하는 것이다.

"오늘 약속을 즐겁게 기다렸는데 자네가 40분이나 지각을 해서 유감이네. 앞으로는 늦지 않도록 하게. 즐겁게 식사하고 싶으니."

보다 구체적으로 다음과 같은 상황에서 3가지의 태도를 비교해 보자.

연말이 가까워지면서 무척 바쁜 시기인데 상사로부터 과다한 업무 지시를 받았다. 좋게 생각하면 상사가 나를 신뢰하고 있다고도 할 수 있지만 아무래도 업무량이 너무 많으니 잔업이 걱정된다. 나는 지금의 업무만으로도 벅찬 상태이고, 육체적으로도 부담이 될 만큼 과중하게 일하고 있다고 느끼고 있다.

공격적 태도 | "부장님, 설마 농담이시겠지요! 내일모레가 연말이라 지금 있는 일만 처리하려 해도 전혀 짬이 없습니다. 그런데 또 다른 일을 하라니요! 정말 불가능합니다. 다른 사람을 찾아주십시오. 부장님은 언제나 제게만 시키려고 하시는데…이번에는 곤란합니다."

복종적 태도 | "저…사실 지금 형편으로는 시간이 전혀 없습니다만…제가 꼭 해야 한다면 어쩔 수 없지요. 어떻게든 해보겠습니다. 그런데…. 저…아닙니다."

'Assertive'한 태도 | "이 일을 제가 하지 않으면 안 된다는 말씀을 잘 알겠습니다. 그런데 저는 지금 도저히 시간을 낼 수가 없거든요. 힘이 되어 드리고 싶지만 다른 방법을 생각해보시는 게 어떨까요?"

또 다른 예로, 내가 아내의 입장이라고 하자. 남편이 3일 연속 고주망태가 되어 자정이 넘어 귀가하였다. 어떻게 말해야 할까?

공격적 태도 | "당신, 어떻게 된 거예요? 지금 몇 시인 줄이나 알아요? 매일 12시 땡이니…전화 한 통 없고…매일 어디서 무얼 하는지 모르겠지만 나도 생각이 있다고요!"

복종적 태도 | "지금 오세요. 씻으셔야죠…시장하시면 먹을 것 좀 준비할까요?"

'Assertive'한 태도 | "이제 오세요. 아무리 일 때문이라지만 큰일이네요. 당신 몸이 어디 견디겠어요? 이제 적당히 하세요. 그리고 늦을 때는 꼭 전화를 하세요. 괜히 식사준비를 해놓고 기다리잖아요."

협상 때 힘을 발휘하는 4가지 대화법

아래 그림은 협상가가 항상 염두에 두고 있어야 할 교훈을 내포하고 있다. 하나의 끈에 묶여 있는 나귀 두 마리가 윈-윈할 수

있는 방법은 한 군데씩 동행해서 풀을 먹는 것이다. 이렇듯 이해관계가 상충되는 상황에서 'Assertive'한 사고방식을 가지고 있는 사람은 항상 제 3의 대안을 반드시 찾아낼 수 있는 것이다.

협상 과정에서 'Assertive 커뮤니케이션' 태도의 특징은 다음과 같다.

1. 간단명료하게 표현한다

말을 돌려서 하는 것은 복종적인 태도다. 하고 싶은 바를 분명하게, 간략하게 이야기한다.

2. '나는'이란 표현을 사용한다

'나는… 생각한다(I think), 느낀다(I feel), 원한다(I want), 하고 싶다(I hope), 필요하다(I need)'라고 말한다. 이러한 화법을 'I message'라고 한다.

"저는 이 차를 ○○○ 원에 팔기를 원합니다."
"제가 백만 원을 깎아드리려면 현금결제가 필요합니다."
"가격을 그렇게 말씀하시니 제가 굉장히 당혹스럽습니다."

이렇게 말하면 내 마음과 주장을 효과적으로 전달할 수 있다. 나의 언어적 파워가 상대에게 강한 영향을 미치게 되는 것이다.

3. 구체적으로 말한다

'조금만 더' '웬만하면' '저를 봐서' '어떻게 좀…' 등의 애매한 표현은 복종적 태도이고 결코 상대에게 긍정적 영향력을 발휘하기 힘들다. 그 대신 "그럼 5% 깎아서 4,230만 원이면 어떻겠습니까?" 하는 식으로 구체적이고 분명하게 말할수록 어설티브한 표현이 되는 것이다. 또한 '사실'과 '의견'을 구분해서 말해야 한다.

예를 들어, 부하직원이 계속 지각을 할 경우 'Assertive'한 상사라면 "○○○ 씨, 오늘로 3일 연속 지각이야."라고 말하면 사실을 정확하게 지적하는, 매우 강력한 어법이고 영향력이 있는 표현이 된다. 반면에 공격적인 태도를 가진 상사라면 "○○○ 씨! 사람이 그렇게 게을러서 어디 쓰겠어!"라는 식으로 의견을 말할 것이다. 사실이 아닌 의견을 말하고 있는 것이다.

상사가 그렇게 말하면 지각한 부하직원도 미안한 마음을 거두고 예전에 상사가 지각한 것을 들어 대놓고 따지거나, 적어도 속으로 욕을 하게 된다. 한편 복종적인 태도를 가진 상사라면 그 자리에서는 별다른 말없이 속앓이를 하거나 한숨만 쉬다가 부하직원을 제대로 다루지도 못할 것이다.

4. 단정적이고 한정적인 표현을 사용하지 않는다

'꼭' '겨우' '아마도'와 같이 단정적인 표현은 협상을 막다른 골목으로 몰고 가 타협을 어렵게 만드는 공격적 태도이다. 협상테이블에서 "절대로 안 됩니다."라는 표현을 사용하면 나중에 타협이나 조정의 필요가 생겨도 자존심 때문에라도 고집을 부릴 수밖에 없게 된다.

가끔 정치인 중에서 자신의 메시지를 강조하고자 '결단코' '분명히' '반드시' '학(확)실히'라는 단정적인 표현을 자주 쓰는 경우가 있는데 협상에서 이러한 어법은 언젠가는 함정이 되어 자신의 행동반경을 협소하게 만들게 된다.

협상테이블에서 주도권을 잡는 태도

그렇다면, 협상테이블에서 'Assertive'한 태도를 견지하려면 구체적으로 어떻게 해야 할까?

1. 'Assertive'한 태도의 구체적 행동
- 깊게 심호흡을 하고 아무 말 없이 이렇게 생각한다.
  '이 사람은 공격적이군. 'Assertive'한 태도로 대응해야지!'
- 상대에게 좀 더 개인적인 질문을 하여 상황을 명확히 이해하려 철저하게 '듣는 역할'로 돌아가는 것이다.
- 질문을 할 때는 구체적인 답을 요구하는 '폐쇄형 질문'이 아니라 상대의 생각을 폭넓게 알 수 있는 '개방형 질문'을 사용한다.
- 자신의 입장을 이야기하고 이해를 구한다. 나의 입장, 권리, 주장을 온화하게, 또는 냉정하게 이야기한다. 동시에 상대의 입장을 이해하고 있다는 것도 분명히 표현한다.
- 상대가 완고하여 납득하지 않을 때 비로소 '제안(해결책)'이라는

수단을 사용한다. 예의에 어긋나지 않게, 현재 논의되고 있는 조건이 어째서 내게 해가 되고 있는가를 논리적으로 설명하고 내가 할 수 있는 것과 할 수 없는 것을 재확인시킨다.

2. 'Assertive'한 태도의 이점

- 보다 좋은 인간관계를 형성할 수 있다.
- 자기존중감을 제고하고 보다 나은 자기개념을 달성할 수 있게 된다.
- 타인에 대한 신뢰감과 자신의 책임감이 증대된다.
- 자신을 잘 조절할 수 있게 된다.
- 시간과 에너지를 절약할 수 있다.

'Assertive' 수준 측정

평소 내가 얼마나 적극적인 태도를 취하고 있는지 측정해보자. 다음 상황에서 항상 당당한 태도로, 기분 나쁘지 않게, 말하고 싶은 대로 말할 스타일이라면 5점, 아무 말도 못하거나 과도하게 감정적인 태도를 취하는 스타일이라면 1점에 체크한다.

체크포인트는
① 말하고 싶은 것을 명료하게, 부끄러움이나 걱정 없이 말하고 있는가?
② 직설적이거나 애매모호한 표현을 쓰지는 않는가?
③ 타인의 권리를 침범하지 않고 자신의 권리를 지키는 스타일인가?
④ 표현할 때의 자세와 태도는 어떠한가? 목소리는 당당하고, 평온하고, 확고한가?
⑤ 말하고 난 뒤 좋은 기분이 되는가? 등이다.

체크 포인트	assertive				non-assertive
1. 세일즈맨이나 상사와의 협상을 좋아한다.	5	4	3	2	1
2. 나의 좋은 점이나 성과를 말하길 좋아한다.	5	4	3	2	1
3. 내가 알지 못하는 것에 대해 설명을 듣는다.	5	4	3	2	1
4. 내가 신경질적이거나 걱정거리가 있다는 것을 인정한다.	5	4	3	2	1
5. 타인과 다른 의견을 이야기한다.	5	4	3	2	1
6. 대화를 많이 한다.	5	4	3	2	1
7. 상대가 말하고자 할 때는 내 얘기를 중단한다.	5	4	3	2	1
8. 상대에게 호감을 준다.(영화, 산책, 데이트 등)	5	4	3	2	1
9. 의사와 상담할 때 내 몸의 상태를 꼬치꼬치 캐묻는다.	5	4	3	2	1
10. 도움을 요청한다.	5	4	3	2	1
11. 칭찬을 솔직하게 받아들인다.	5	4	3	2	1
12. 부당한 요구를 거절한다.	5	4	3	2	1
13. 공격받을 경우에는 확실하게 받아 답을 한다.	5	4	3	2	1
14. 정당한 비판을 수용한다.	5	4	3	2	1
15. 수다스러운 사람의 이야기를 중단시킨다.	5	4	3	2	1
16. 내키지 않는 파티나 초대를 거절한다.	5	4	3	2	1
17. 강매를 거절한다.	5	4	3	2	1
18. 레스토랑에서 주문대로 나오지 않은 요리는 거부한다.	5	4	3	2	1
19. 새치기하는 사람에게 주의를 준다.	5	4	3	2	1
20. 내키지 않는 서명, 기부, 봉사를 거절한다.	5	4	3	2	1

총계 _____ 점

90점 이상 | 당신은 공격적 태도를 가진 협상가입니다.
80~90점 | 당신은 상당히 어설티브한 태도를 가진 협상가입니다.
60~80점 | 당신은 비교적 어설티브한 태도를 가진 협상가입니다.
60점 이하 | 당신은 복종적 태도를 가진 협상가 입니다.

효과적인 제안의 방법
-DESC 화법

자신이 원하는 것을 정확히 전달하고 상대가 원하는 것을 요약할 수 있다면 이제 제안을 할 수 있는 상태가 된 것이다. 협상의 준비단계에서 자신의 협상목표와 협상항목을 결정하였다면 이제 상대가 원하는 것과 항목별 우선순위에 대해서도 생각해봐야 한다.

'제안(Proposal)'이란, 내가 원하는 것을 얻게 될 경우, 상대가 얻을 수 있는 것이 무엇인지에 대해 일차적으로 상대에게 알려주는 것이다. 그러므로 제안은 항상 상대가 검토해볼 수 있도록 효과적으로 해야 할 필요가 있다.

'제안'에 있어서 효과적인 DESC 화법을 설명하고자 한다면 다음과 같다.

"만약 ○○○에 동의해주신다면 저희가 XXX를 제공할 수 있습니다."라는 제안에는 반드시 '조건'과 '제안 내용'이 있어야 한다. 조건은 상대로부터 내가 얻고 싶은 것을 의미하고, 제안 내용은 내가 조건을 얻을 경우 상대에게 줄 수 있는 것을 의미한다. 따라서 "100만 원만 더 깎아주시지요?"는 제안이 아니다. "100만 원만 더 깎아주시면 다음 구매시즌에도 꼭 다시 찾아뵙겠습니다."가 바로 제안이다.

고 노무현 전 대통령은 취임한 지 얼마 되지 않아 평검사들과 대화의 자리를 만들었다. 파격적인 법무부, 검찰 인사에 일선의 잡음이 많았기 때문이다. TV로 생중계됐던 그 자리에서 노 전 대통령은 결론적으로 다음과 같은 어법을 사용했다. 이것이 설득력을 배가시키는 전형적인 'DESC 화법'이다.

D : 지금 이번 인사를 백지화시켜달라는 얘기 아닙니까?
E : 그런데 이미 인사를 해버렸으니 백지화는 곤란합니다. 대통령 체면도 있고요.
S : 이번에는 내가 결정한대로 갑시다.
C : 대신 이번에 여러분들의 의견은 충분히 들었으니 다음 인사 때 꼭 반영하겠습니다.

- Describe(진술) : 상대의 주장과 제안을 진술한다.
- Express(표현) : 나의 주장을 명확히 표현한다.
- Suggest(제안) : 나의 제안을 말한다.
- Consequence(결과) : 나의 제안이 미칠 긍정적 결과를 진술한다.

얼마 전 내가 새로 구입한 CD플레이어를 친구가 빌려달라고 말한다. 내키지는 않지만 그냥 빌려줄 것인가, 그냥 싫다고 말할 것인가? 아니면 고장 났다고 말할 것인가?

D : CD플레이어를 오늘 빌려달라는 거지?
E : 나도 오늘 들어야 해서 빌려주기가 좀 그렇네.
S : 오늘은 곤란하고 다음 주 월요일이면 괜찮을 것 같은데….
C : 다음 주에 빌려 가면 한동안 여유 있게 들을 수 있으니까 더 좋잖아?

또 다른 예를 계속 살펴보자.
D : 고객님, 지금 2%를 할인해달라는 말씀인데 저희 회사 방침상 곤란합니다.
E : 차라리 계약기간을 2년 연장하시는 건 어떠신지요?
S : 그럼 제가 사장님을 설득할 수 있을 것 같은데요.
C : 그러면 고객님이 원하는 가격대로 할인이 가능할 것 같습니다.

이처럼 효과적인 제안방법을 알면 협상테이블에서 언어적인 영향력을 제고할 수 있다.

앞서 예로 들었던 '레스토랑 사건'은 필자가 직접 겪었던 상황이다. 그 상황에서 지배인을 불러 이렇게 얘기했다.

"오늘이 결혼 20주년 기념일이라 모처럼 부부가 기분 좋게 외식 좀 하려고 나왔는데 서비스가 좀 실망스럽네요."
"정말 죄송합니다. 워낙 바쁜 시간이다 보니 저희가 큰 실수를 저질렀네요."
"우리가 그렇게 오래 기다릴 수는 없으니까 이번에는 그냥 참고 먹을게요. 그 대신 나중에 커피나 디저트는 그냥 주시겠죠?"
"여부가 있겠습니까. 당연히 그렇게 해드려야죠."

식사를 마치자 향기로운 커피와 달콤한 디저트가 곧바로 서빙되었고, 실내관현악단이 따라 나와 우리 부부의 기분을 풀어주었다.
공격적이거나 복종적이 아닌 제 3의 길, 즉 'Assertive한 태도'의 힘이란 바로 이런 것이다.
'참지 말고, 공격하지 말고, 말하고 싶을 때 말하고 싶은 것을 말하고 싶은 방식으로 말한다'는 어설티브한 사고방식을 기억하자. 다시 한 번 강조하지만, "태도가 말을 한다!"

SECRET **08**

자신의
협상스타일을
깨달아라

협상 당사자 모두가
협상 결과에 만족하고,
그 결과가 공동의 이익을 추구하고 있으며,
이익을 공유함으로써
우호적인 관계를 지속할 수 있을 때라야
비로소 윈-윈을 추구하는
협력적 협상이라고 할 수 있다.

자신의 이익만 생각하는
'소련식 협상'

모든 협상에는 '경쟁적 요소'가 있다. 저마다 이해를 추구하는 상대가 한자리에 만났으니 필연적으로 제로섬 게임(Zero-Sum Game)의 성격을 띨 수밖에 없다. 예컨대 비즈니스 협상에서 가장 중요한 경쟁적 요소인 '가격'이라는 이슈를 생각해보자. 바이어는 깎고, 셀러는 지켜야 한다. 하지만 이러한 경쟁적 요소가 협상의 전부는 아니다. 협상에는 그 결과에 따라 '승패(win-lose)의 협상'과 '상호만족(win-win)의 협상'이 있다.

1. 승패(Win-Lose)의 협상
한쪽이 이기고 다른 한쪽은 패하는 협상이다. 일명 '소련식 협상'이라고도 한다. 한쪽이 다른 한쪽에 강요하거나 위협하여 자신의 조건을 충족시키는 방법이다. 이 경우 상대는 울며 겨자 먹기로 요구를 수락하지만 인간은 감정의 동물이기 때문에 반드시 '한(恨)'을 품게 된다.

예를 들어, 대기업은 중소 협력업체에 강하게 자신의 조건을 밀어붙일 수 있다. 납품단가 할인을 요구하는 경우, 협력업체 입장에서는 주 거래처를 잃을 수는 없기 때문에 달갑지는 않지만 대기업의 요구를 수용할 수밖에 없다. 그러나 나중에는 반드시 제품의 질을 떨어뜨린다든지 서비스를 제대로 해주지 않는다든지 어쨌든 눈에 띄지 않는 방식으로 부당한 할인에 '앙갚음'을 한다. 특히 비즈니스 협상에서 승패의 협상은 바람직하지 않다.

2. 상호만족(Win-Win)의 협상

협상에 나서는 당사자들은 모두 자신에게 유리한 결과를 얻으려 한다. 따라서 협상이 잘 진행되었다고 하는 것은 쌍방이 모두 만족했다는 것을 의미한다.

한쪽이 "상대가 어떻게 되든 나만 유리한 결과를 얻으면 된다."는 생각을 가진다면 장기적으로는 반드시 좋지 않은 결과를 초래하게 된다. 협상 당사자 모두가 이기는 '상호만족의 정신'이야말로 좋은 비즈니스 협상의 정신이다. 쌍방이 기분 좋게 합의했다면 그 합의사항을 실행하기 위해 공고한 협력체제를 구축할 수 있고, 쌍방 모두가 그 합의사항의 성공을 위해 최선을 다할 것이기 때문이다.

정말 협상에서 '모두가 승자가 되는' 길이 과연 존재하는 것일까?

상대의 요구를 만족시키면서 자신의 요구도 관철시키는 것이 가능하지 않다고 생각하는 사람이 있을지도 모른다. 하지만 이 질문에 대한 대답은 당연히 "Yes"다. 애초에 협상이란 서로 메리트가 없으면 성립하지 않기 때문이다. 예컨대 자동차를 매매할 때는 판매하는 사람이 지불조건을 양보하고, 사는 사람이 가격을 양보하는 식이다.

이처럼 사람들은 각각 다른 각도의 니즈를 가지고 있다. 동일한 각도의 니즈를 다투면 승패의 협상이 되지만, 각도가 다르면 서로 양보하고 주고받음으로써 상호만족이 가능해진다. 이것이 흔히 말하는 '기브 앤 테이크(Give & Take)의 원칙'이다.

'기브 앤 테이크'란 말에는 '주는 것(Give)'이 앞에 와 있다. 의식하든 의식하지 못하든, 인간은 늘 누구에겐가 무엇을 주고 있고 타인을 위해 뭔가를 하고 있다.

트럭기사는 화주를 위해 화물을 운반해주고, 가수는 대중을 위해 노래를 부르고, 슈퍼마켓은 지역주민들을 위해 물건을 판다. 하지만 주는 것이 많으면 그만큼 얻는 것도 많다. 가수는 많은 사람들에게 아름다운 노래를 들려주기 때문에 많은 사랑과 수입을 보장받는다.

비즈니스 세계에서도 많은 것을 얻으려면 많은 것을 주어야 한다. '받는 것(Take)'만을 생각하고 주는 것에 인색하면 결국에는 아무것도 얻을 수 없게 된다.

벤저민 프랭클린(Benjamin Franklin)은 이러한 이치를 "거래라는 것은 서로에게 이익이 되지 않으면 절대로 성립하지 않는다."라고 잘 표현하고 있다.

가격협상의 자리에서 나는 어떤 기계를 7,000만 원에 사려고 생각하고 있다. 그런데 상대는 8,000만 원을 부른다. 이럴 때 막무가내로 7,000만 원에 하자고 덤비면 상대는 오히려 화를 내며 "관두

자"고 할지도 모른다.

그러나 이런 방식이라면 얘기가 달라진다.

"7,000만 원에 해주시면 열 대를 한꺼번에 사겠습니다. 대금도 전액 현금으로 지불하고요."

사람은 언제나 최대한의 이익을 얻으려고 한다. 그러나 최대이익에만 집착하여 결국 '대화단절'이라는 상황을 만들어버리는 것은 최악이다. 필자는 이것을 '공포의 카운터펀치'라고 부른다. 모처럼 좋은 분위기로 대화를 진행하고 있는데, 어느 한쪽이 일방적인 요구만 하면 상대로부터 카운터펀치를 맞을 수도 있는 것이다.

협상의 4가지 유형

대부분의 사람들은 협상을 잘못된 방식으로 생각한다. 한편이 상대편의 희생을 대가로 승리하는 경쟁쯤으로 생각하는 오류다. 단언컨대 협상은 경쟁과는 다르다. 협상하는 과정 속에 경쟁적 요소들이 어쩔 수 없이 유입되기는 하지만, 그런 적대적인 과정만 있는 것은 아니다.

동일한 협상 내에서 발생하는 4가지 협상 유형이 있다. 이들 4가지 협상 유형을 인식함으로써 당신은 다음과 같은 상황에 처했을 때 분명 도움을 받을 수 있다.

- 어디로 향하는지 모르는 협상에서 당신을 살아남게 한다.
- 당신을 더 편안하게 한다.
- 더 많은 정보를 얻도록 한다.
- 교착상태를 피하거나 타개한다.
- 당신이 사용하는 전술 또는 당신에게 사용되고 있는 전술을 파악한다.
- 장기적인 관계를 확고히 하는데 도움을 준다.
- 상대편에 더 큰 만족을 준다.

협상의 4가지 유형은 협조적 유형(양쪽 모두 Win-Win), 경쟁적 유형(한쪽만 Win), 조직적 유형, 개인적 유형으로 나뉜다. 이 4가지 유형을 자세히 살펴보기로 하자.

1. 협력적 유형(Win-Win)

협상에서 양자 승리의 기본 원칙은 양측이 찾으려는 노력과 시간만 할애한다면 서로에게 더 유리한 거래가 반드시 있다고 확신한다. 바이어와 셀러 모두 상대편에 손해를 끼치지 않고 자신들의 이익과 만족을 증가시킬 수 있는 것이다.

예를 들어 자신이 유리잔 10만 개를 구매하려는 바이어라고 가정하자. 나는 개당 1,150원에서 1,320원까지 가격을 제시할 여섯 군데 공급자에게 입찰 요청서를 보냈다. 회사의 기본 정책은 낮은 가격의 입찰자에게 오더를 주는 것이다. 이 경우 당신과 공급자 양자를 만족시킬 수 있는 거래가 가능하겠는가?

물론 가능하다. 우리에게 필요한 일은 그러한 요소들을 찾아내는 노력과 신중하게 살펴보는 시간을 갖는 것이다. 다음은 우리가 생각해볼 수 있는 윈-윈의 거래 영역들이다.

- 잘 조절된 인도 일정 / 개정 사양
- 운송 설비 / 포장 설비
- 지불 조건 / 추가 구매 또는 선택 사양
- 바이어와 셀러 간 역할 분담(셀러가 나를 위해 하는 것보다 더 효과적으로 내가 스스로 할 수 있는 일들이 있을 수 있다.)
- 원자재의 끼워팔기 식 판매 / 장기 또는 단기 계약
- 상품의 동시 조합 구매(예. 유리잔과 포도 쥬스)
- 유리잔에 개별적 문장(紋章) 넣기
- 3자 개입 또는 3자 개입 불가

2. 경쟁적 유형(자신의 이익을 방어하는 유형)

협상에서 당면하게 되는 한 가지 사실은 내적으로 경쟁요소가 있다는 것이다. 어떤 관점에서 보면 한쪽 편이 얻은 것은 상대편의 호주머니에서 나온 것이다.

경쟁적 관점에서 출발한 최상의 행동 방식은 무엇인가?

가능하면 많이 얻으려고 최선의 노력을 해야 한다. 경쟁요소를 많이 얻으려면 다음의 규칙들이 가이드라인 역할을 할 것이다.

규칙 1 | "침묵하라" 상대가 당신을 모르는 것이 더 낫다. 당신과 낭

신의 조직, 당신의 동기, 힘의 한계, 시간 제약 등에 관해 말하지 않는 것이 더 낫다.

"일본인들의 예의바른 침묵이 무섭다."는 구절을 협상책에서 본 적이 있다. 일본 사람들은 상대방이 어떤 제안을 하든 예스, 노라는 대답 대신 무표정하게 상대방을 응시하고 있는 경우가 많다고 한다. 그럴 경우 제안을 했던 쪽은 시간이 지나갈수록 조바심이 나고 심리적 압박을 느끼게 된다. 결국 침묵을 참지 못하고 먼저 입을 떼면 입장이 유연해지면서 양보를 하게 되는 것이다. 이를 일본 영업맨들은 '침묵의 마무리전략'이라고 부른다. 말을 많이 하면 많이 잃는 것이 협상의 기본 생리이다.

규칙 2 | 당신 스스로의 가정, 추측, 직관을 믿지 마라 협상에서 직면하는 사실들은 보여지는 것과는 다르다. "3년 전에 6억 5,000만 원에 산 집입니다. 요즘 집값도 오르는 추세잖아요. 그래서 저는 이 집을…."과 같은 말을 하는 상대의 얘기를 듣고 "이 집을 사려면 최소한 6억 5,000만 원은 넘게 지불해야 할 것 같다."라고 가정하지 말아야 한다. 당신의 가정은 맞을 수도 맞지 않을 수도 있다는 사실을 명심하라. 이는 단지 가정일 뿐이며, 그 이상도 이하도 아니다. 문제는 가정한대로 우리가 행동해 버리는 것이다.

상대가 만약 자신의 집이 경매에 넘어갈 예정이었다면 그 사실을 당신에게 말해 줄 리가 없지 않은가? 가정이라는 것은 우리에게 좋기도 하고 나쁘기도 한 것이다.

상대의 저의를 의심하라.

규칙 3 | 비용 명세 협상에서 바이어들은 "같은 제품인데 왜 경쟁사에 비해 귀사만 가격이 이렇게 비쌉니까?" 하면서 셀러들에게 재료비, 물류비, 포장비, R&D(연구개발)비, 인건비, A/S비, 설치비 등 세세한 명세서를 요구한다. 그것을 손에 넣으면 협상이 유리해지고 얻는 것이 많아지기 때문이다. 따라서 셀러 입장에서는 비용명세가 상대의 손에 들어가면 엄청난 대가를 지불해야 한다. 따라서 상대보다 조금이라도 더 얻고 싶으면,

- 바이어들은 항상 비용 명세를 요구해야 한다.
- 셀러들은 비용 명세를 제공해서는 안 된다.(법적으로 요구받지 않는다면….)

3. 조직적 유형

사업과 일상생활 모두에서 사람들이 단지 자신들을 대변하여 협상하는 일은 드물다. 그들의 요구와 행동의 일부는 대부분 그들 조직의 목표를 반영하는 것이다. 이 협상에 영향을 끼친 사람이 누구인지와 상대가 당신에게 내놓은 요구들을 이해함으로써, 전체 협상과정에 영향을 미치는 개인이나 조직을 간파할 수 있을 것이다.

　대개 상대편은 내부 갈등을 갖고 있다. 상대가 당신에게 "No"라는 대답을 할 때, 이는 아마도 상대방 조직이 그에게 "Yes"라는 답변을 허락하지 않았기 때문일 것이다.

　따라서 협상을 준비하는 과정에서 상대의 조직 내에서 협상에 영향력을 행사하는 사람이 누구인지를 알려고 노력하는 것이 대단히 중요하다.

노사협상을 할 때 경영자 측에서 협상에 임하는 노조 집행부를 만족시키는 것도 중요하지만, 그들에게 영향력이 있는 상급단체나 조합원들이 선호할 만한 아이디어를 몇 가지 준비할 필요가 있다.

4. 개인적 유형

사람들이 협상에서 추구하는 '만족'은 무엇인가? 물론 사람들은 협상에서 눈앞에 부각되는 요소를 얻고 싶어한다. 돈, 상품, 서비스 등이다. 그러나 실제 원하는 것들은 표면에 드러나지 않는 경우가 많다. 사람들이 겉으로 드러내지는 않지만 개인적으로 원하는 속내는 다음과 같은 것들이다.

- 스스로에 대해 좋은 느낌을 갖고 싶어한다.
- 궁지에 몰리고 싶어하지 않는다.
- 장래의 문제나 위험을 피하고자 한다.
- 보스나 타인으로부터 판단이 빠른 사람이라고 인정받고자 한다.
- 지식을 원한다.
- 직업을 갖고 승진하기를 원한다.
- 힘들지 않게, 쉽게 일하고자 한다.
- 고결함을 잃지 않으면서 개인적 목표와 욕구를 충족시키려 한다.
- 그들이 중요시하는 문제들을 느끼고 싶어한다.
- 놀라운 사건이나 변화로 인한 불안을 피하려 한다.
- 현재 그리고 장래의 당신을 믿고 싶어한다.
- 경청해주기를 바란다.

- 호의적으로 대접받기를 바란다. 그들은 자극과 모험, 여행 그리고 좋은 음식을 원한다.
- 친절한 설명을 원한다.
- 자신을 좋아해 주기를 바란다.
- 협상을 마치고 다른 문제로 옮아가기를 원한다.
- 진실을 알고자 한다.
- 정직하고 공평하며 친절하고 책임감 있다고 생각되기를 바란다.
- 힘(권력)을 갖기 원한다.

이 항목들 중 어떤 것을 구매 오더 또는 판매 오더 과정에서 본 적이 있는가? 충분히 만족한 사람은 충분히 보상받은 것이다.

훌륭한 협상가가 되려면 윌리엄 셰익스피어가 말한 다음 격언을

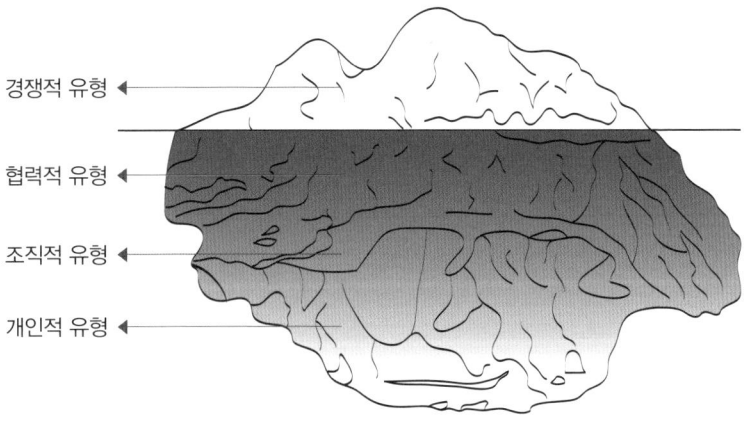

경쟁적 유형
협력적 유형
조직적 유형
개인적 유형

협상테이블에서 좌초되고 싶지 않다면 항상 빙산의 일각을 주시하자. 윈-윈의 단초는 늘 수면 아래 감춰져 있다.

꼭 기억해야 한다.

"이익은 만족을 통해 얻은 수확이다."

이 격언은, 사람들이 계약(합의) 후의 이익을 얻었다고 생각하는 것은 돈을 많이 얻을 때 뿐만 아니라 심리적 만족을 얻을 때도 그렇게 생각한다는 의미이다.

윈-윈의 실천을 위하여

협상은 그 가치를 나누는 게 중요한 것이다. 그런 측면에서 보면 협상에는 두 가지 접근법이 있다. 경쟁적인 방법과 상호협력적인 방법이다. 그중 경쟁적인 방법은 누가 얼마나 그 가치의 몫을 챙겼나 하는 배분적 활동에 초점을 맞추는 반면, 상호협력적인 방법은 부가적인 가치 창조에 초점을 맞춘다. 그렇게 함으로써 협상을 하는 양측은 나눌 게 더 많아진다.

어떻게 윈-윈 협상을 실천할 것인가?

양측의 관심거리들을 더 잘 다루기 위해서는 협상의 4가지 유형에 관심을 가져야 한다. 상대와 내가 원하는 것이 얼마든지 다를 수 있기 때문이다.

상호협력적인 협상이 어려운 이유는 협상이 항상 상충되는 이해관계를 다루기 때문이다. 그러므로 대부분의 협상들이 경쟁적 방식으로 시작되는 것은 당연한 것이다. 그런데 문제는 많은 협상들이 경쟁적 방식에서 절대 못 벗어난다는 것이다.

협상은 대립으로 시작해서 대립으로 끝나는 속성이 있다. 하지만 모든 협상에는 양측이 만족할 만한 대안이 반드시 존재한다고 믿어야 한다. 빙산 아래에 있는 수많은 대안들을 기억하라. 그리고 "이제 우리 서로를 위해 좀 더 나은 방식을 찾아보자."라고 상대에게 말해보라.

상호협력적인 협상으로의 이동은 많은 이점을 제공할 것이다. 예를 들어 긴장을 줄인다거나, 교착상태에 도달한 협상의 문을 다시 연다거나, 양측 모두에게 대화의 기회를 좀 더 줄 수 있을 것이다.

상대의 개인적인 욕구를 충족시켜주면 '가격' 등 경쟁적인 요소에서 이득을 취할 수 있다. 이것이 바로 제로섬 게임처럼만 보이는 비즈니스 협상에서 결과적으로 윈-윈이 가능한 이유다.

타이타닉 호가 갑자기 침몰한 것은 눈에 보이지 않았던 해수면 아래의 거대한 유빙 때문이었다. 대부분의 협상이 결렬되거나 좌초하는 것은 경쟁적 요소, 즉 가격이나 상품, 서비스 등 눈에 보이는 요소들 때문이 아니라 눈에 보이지 않는, 해수면 아래의 세 영역에서 상대에게 만족을 주지 못했기 때문이다.

협상테이블에서 좌초되고 싶지 않다면 항상 빙산의 일각을 주시하자. 윈-윈의 단초는 늘 수면 아래 감춰져 있다.

승패의 협상과 상호만족의 협상을 처음부터 구분할 필요는 없다. 모든 협상에는 윈-윈의 가능성이 열려 있다. 다만 협상자가 수면 아래 감춰져 있는 윈-윈의 가능성을 간과하고 빙산의 일각만 주시하고 있으면 양측 간에 100% 이익을 얻는 윈-윈이란 있을 수 없는 것이다. 협상에 있어서 현실적 윈-윈이란 '나는 이익을 얻고, 상대방에게는 기쁨을 주는 것'을 의미한다. 물론 그 반대도 성립한다. 내가 경쟁적 요소에서 다소 이익을 놓쳤어도 다른 영역에서 만족을 얻었다면 그 협상은 '윈-윈'으로 끝났다고 평가할 수 있는 것이다.

상대의 숨겨진 '이해관계'에 초점을 맞춰라

어느 날 한 부하직원이 조용히 찾아와서 긴밀히 상의할 일이 있으니 퇴근 후에 시간 좀 내달라고 한다. 저녁에 단둘이 음식점에서 마주앉았더니 뜻밖의 얘기를 꺼낸다.

"제가 어머니를 모시고 사는데 생활도 빠듯하고…집사람이 자꾸 지난달부터 아이들 영어 과외를 시키자고 하는데, 제 월급으로는 도저히 과외비가 안 나와서요. ……이번 인사에서 제가 과장만 달 수 있다면 그 직책수당으로 집안문제를 좀 해결할 수 있을 것 같거든요……."

이럴 때 당신이 상사라면 어떻게 대화를 풀어나가야 할까?

우리는 협상을 할 때 상대방의 '입장'과 '이해관계'를 명확하게 구분할 필요가 있다. 『YES를 이끌어내는 협상법』의 저자이자 하버드 협상연구소장인 윌리엄 유리는 '입장과 이해관계'를 다음과 같이 구분해서 정의한다.

- 입장 : 협상 시 양측이 내세우는 유형적, 물질적 조건
- 이해관계 : 협상자가 입장을 갖게 된 무형적, 심리적 동기

위의 사례에서 '입장'이란 '승진시켜 달라'는 것이고, '이해관계'는 '급여가 몇 십만 원 더 필요하다는 것'이다.
"한 달에 이틀 정도씩 주말에 나와서 ○○팀에서 진행하는 프로젝트에 참여해보는 건 어때? 내가 주선해줄 수 있는데…그럼 시간외수당으로 충분히 몇 십만 원 정도는 더 받을 수 있잖아."
이때 상사가 협상력이 있는 사람이라면 부하직원의 입장은 충족시켜줄 수 없어도 이해관계는 충족시켜줄 수 있다. 이처럼 협상에서는 상대방의 입장보다 상대방의 이해관계를 얼마나 잘 이해하는가가 중요하다.
윌리엄 유리는 이렇게 말한다.
"협상을 진행할 때는 표면적으로 드러나는 입장보다는 상대의 이해관계에 초점을 맞추어야 한다."
'입장'은 경쟁적 요소에 속하지만 '이해관계'는 수면 아래 감춰진 나머지 3개 영역에 속한다.
네덜란드 속담에 "당신의 빵은 당신의 밀가루로 빚는 방법 밖에 없다."는 말이 있다. 자신의 협상스타일에 대한 객관적 통찰을 통해 협상 과정에서 자신의 장점과 핸디캡을 이해해 두는 것은 대단히 중요한 의미가 있다. 진단결과를 잘 이해하고 활용하면 현실의 협상에서 시행착오를 줄이고 효과적으로 협상할 수 있는 방법을 찾을 수 있기 때문이다. 당신의 협상스타일은 어떠한가?

협상스타일 진단 체크리스트(Thomas-Kilmann)

타인과 이해관계가 대립하여 어떻게든 해결을 해야 할 경우, 어떻게 행동해야 할까?
다음 각 문항에 제시된 두 가지 행동방법 중 어떤 행동을 취할 것인가? 특징을 보다 단적으로 표현하기 위해 a/b로 구분했기 때문에 선택하기 애매하여도 반드시 한 가지를 선택해보자. 중복되는 항목들이 있지만, 이는 비교평가를 위해 의도적으로 배치한 것이다.

1. (a) 문제해결의 책임을 상대가 지도록 부탁한다.
   (b) 불일치점에 대해 직접 절충하기보다 일치점이 있다는 것을 지적한다.

2. (a) 서로 양보한다.
   (b) 될 수 있으면 서로의 희망사항에 대해 이야기한다.

3. (a) 대개의 경우, 나의 목표를 향해 추진해간다.
   (b) 일 자체를 원활하게 진행할 수 있게 하여 전향적인 관계를 유지한다.

4. (a) 서로 양보한다.
   (b) 상대의 희망을 고려하여 나의 희망을 포기하는 일이 있다.

5. (a) 상황타개를 상대에게 부탁한다.
   (b) 당사자 간의 스트레스나 긴장을 피하려고 노력한다.

6. (a) 불유쾌한 상황에 이르지 않도록 한다.
   (b) 나의 실익을 따진다.

7. (a) 내 생각이 정리될 때까지 모임을 연기한다.
   (b) 중요한 점을 상대가 몇 가지 단념하면 나도 마찬가지로 포기한다.

8. (a) 대개의 경우, 나의 목표를 향해 추진해간다.
   (b) 될 수 있으면 빨리 모든 문제가 명확하게 될 수 있도록 노력한다.

9. (a) 많은 차이점은 비교적 중요하지 않다고 느낀다.
   (b) 내 입장이 받아들여질 수 있도록 노력한다.

10. (a) 대개의 경우, 나의 목표를 향해 추진해간다.
    (b) 서로 양보한다.

11. (a) 될 수 있으면 빨리, 모든 문제가 명확하게 될 수 있도록 노력한다.
    (b) 사태를 원활히하여 전향적인 관계를 유지한다.

12. (a) 대개의 경우, 대립을 일으킬 것 같은 입장을 취하지 않도록 한다.
    (b) 상대가 몇 가지 점에서 동의해오면, 나도 그만큼 동의한다.

13. (a) 두 가지 입장의 중간을 제안한다.
    (b) 내 주장을 상대가 인정할 수 있도록 추진한다.

14. (a) 내 생각을 설명하고, 상대의 생각을 듣는다.
    (b) 내 의견이 우수하다는 것을 상대에게 납득시킬 수 있도록 노력한다.

15. (a) 사태를 원활하게 하여 전향적 관계를 유지하도록 노력한다.
    (b) 당사자 간의 스트레스나 긴장을 피한다.

16. (a) 상대의 감정을 상하지 않도록 한다.
    (b) 내 의견이 우수하다는 것을 상대에게 납득시킬 수 있도록 노력한다.

17. (a) 대개의 경우, 나의 목표를 향해 추진해간다.
    (b) 당사자 간의 스트레스나 긴장을 피하도록 노력한다.

18. (a) 만일 상대가 좋아하면 상대의 입장을 유지시킨다.
    (b) 상대가 몇 가지 점에서 동의해 오면, 나도 그만큼 동의한다.

19. (a) 될 수 있으면 빨리, 모든 문제가 명확하게 될 수 있도록 노력한다.
    (b) 내 생각이 정리될 때까지 모임을 연기한다.

20. (a) 서로의 차이점을 즉시 해결하려고 노력한다.
    (b) 서로의 이해를 평등하게 하려고 노력한다.

21. ⓐ 상대의 희망을 특히 고려한다.
    ⓑ 문제상황을 직접 해결하려고 노력한다.

22. ⓐ 상대 입장과 내 입장의 중간에서 해결을 모색한다.
    ⓑ 내 입장을 강하게 주장한다.

23. ⓐ 서로의 니즈를 모두 충족시키는 데 관심을 갖는다.
    ⓑ 문제해결에 도달하기 위해 상대에게 책임을 지게 한다.

24. ⓐ 상대의 입장이 상대에게 매우 중요하다고 생각되면, 상대의 희망에 따르는 노력을 한다.
    ⓑ 상대를 타협으로 이끌려고 노력한다.

25. ⓐ 내 의견이 우수하다는 것을 상대에게 납득시킬 수 있도록 노력한다.
    ⓑ 상대의 희망을 특히 고려한다.

26. ⓐ 쌍방 입장의 중간점을 제안한다.
    ⓑ 서로의 니즈를 모두 충족시키는 데 관심을 갖는다.

27. ⓐ 대립을 일으킬 것 같은 입장을 취하지 않도록 한다.
    ⓑ 만일 상대가 좋아하면 상대의 입장을 유지시킨다.

28. ⓐ 대개의 경우, 나의 목표를 향해 추진해간다.
    ⓑ 상황타개의 힘을 얻기 위해 상대에게 부탁한다.

29. ⓐ 두 가지 입장의 중간을 제안한다.
    ⓑ 많은 차이점은 비교적 중요하지 않다고 느낀다.

30. ⓐ 상대의 감정을 상하지 않도록 한다.
    ⓑ 함께 문제를 해결할 수 있도록 문제에 대한 생각을 상대에게 전한다.

이상 30문항에 대하여 a, b 어느 것에든 O표를 했으면, 아래 집계표에 기입한 뒤 가로로 개수를 합산하여 합계란에 점수를 적어 자신이 어떤 경향이 있는가를 알아보자.

	1	2	3	4	5	6	7	8	9	10	11	12	13	14	15	16	17	18	19	20	21	22	23	24	25	26	27	28	29	30	합계
1	B		A			A			A					A					A	A	B	A				B		B	B		
2		A			B		B	B	A			B	B		B	A					B				A			A			
3	A	A				B			B	B	A					B	B	A			B			A				A			
4	B		B	B							B					A	A	A				A			A	B			A		
5	A				B	A	A				A				A		B	B		B			B				A	B			

    보통 협상스타일은 협상 과정에서 협상자의 두 가지 행동을 관찰해 봄으로써 쉽게 파악할 수 있다. 즉, 협상 과정에서의 주장행동과 협력행동을 관찰해 보는 것이다. 주장행동이란 자신의 협상목표를 관철하려고 노력하는 것, 그리고 경쟁적 유형의 요소를 가지려고 노력하는 것을 말한다. 또한 협력행동이란 상대와의 장기적 관계를 고려하려는 행동, 그리고 자신과 상대를 만족시킬만한 요소를 빙산 밑에서 찾으려고 노력하는 것을 말한다. 이 두 가지 행동의 높고 낮음에 따라 다음의 5가지 협상스타일로 나타난다.

    또한 이 5가지 협상스타일은 이해를 돕기 위해 종종 부엉이, 상어, 여우, 곰, 거북이와 같은 동물에 비유되기도 한다. 부엉이는 침착하고 신중하며 현명한 동물로 평가받고 있으며, 상어는 닥치는 대로 상대를 물어뜯는 잔인하고 탐욕스런 동물로 각인되어 있다. 여우는 교활하지만 지혜로운 동물, 곰은 우직하고 미련한 동물, 거북이는 위험에 처했을 때 고개를 집어넣는 소극적인 동물로 여겨진다.

1번이 8개 이상인 경우 | 부엉이형 협상가
협력적 협상가(문제해결 / 결과) : 자신의 협상목표를 놓치지 않지만 상대와의 장기적 인간관계도 유지할 줄 아는 적극적이고 이상적인 협상스타일이다. 빙산 밑에서 자신이 만족하고 상대방도 만족시킬 수 있는 이해관계의 요소를 찾아내어 근본적으로 문제를 해결한다.

제임스 모리슨은 그의 협상스타일 그리드 논문에서 이 타입을 목표에 대한 열정도 높고 관계유지에 대한 관심도 많은 '부엉이형 협상가'로 지칭했다. 아마도 표정의 변화 없이 목표를 발견하면 지그시 기다렸다가 반드시 낚아챈다는 의미에서 이런 이름을 붙였으리라 생각한다.

2번이 8개 이상인 경우 | 상어형 협상가

적대적 협상가(강제적/힘) : 협상에서 전반적으로 자기 입장이나 이해관계를 관철시키는 데는 대단히 적극적이나 상대방의 입장이나 이해관계를 파악하는 데는 소홀하다. 다소 위협적인 방법을 써서라도 협상목표를 달성하려고 하는 타입으로 협상 과정에 협상목표는 관철할 수 있으나 상대방과의 인간관계가 깨질 소지가 있는 편이다. 야망과 욕심이 강하고 협상 과정을 자신이 통제하려고 하는 경향 때문에 상대와의 장기적 인간관계가 깨질 가능성이 있다. 왜냐하면 협상 과정에서 지나치게 경쟁적 요소만 집착하기 때문에 협상 결과가 항상 '윈-루즈(Lose)'로 끝나게 되는 것이다. 이 타입은 협상을 준비하는 과정에서부터 빙산 밑의 요소를 중심으로 협력적 요소를 찾아서 준비하고, 협상 과정에서 이러한 요소를 중심으로 윈-윈의 가능성을 찾으려고 노력해야 한다.

이 타입은 보통 '상어형 협상가'라고 지칭한다. 아마도 상어가 야

생동물 중에서 사냥 성공률이 가장 높은 동물이라 그렇게 이름 붙인 것이 아닌가 생각된다.

3번이 8개 이상인 경우 | 여우형 협상가
원칙적 협상가(타협/논리) : 긴장이 고조되면 쉽게 타협하는 유형. 논리와 객관적 사실 위주로 협상을 진행하는 타입이다. 10개의 파이를 논리와 팩트에 입각해 둘이서 똑같이 5개씩 나눠 갖는 게 타협이다. 그러나 원칙, 근거, 사실적 입장에서 보면 내가 7, 상대가 3을 취해야 합리적인 경우도 있는 것이다. 그런데 이 타입은 상대와의 관계를 손상시키면서까지 이를 주장하기보다는 '좋은 게 좋다'는 식으로 쉽게 타결 지어 버리려는 경향을 가지고 있다. 사실 협상에서 타협이란 마지막에 선택해야 할 최후의 수단이다. 너무 타협을 서두르면 쌍방 모두에게 후회가 남는 협상이 될 수 있다.
  "협상의 과정은 공정하지만 협상의 결과는 균등하지 않다."라는 협상 격언을 기억하라. 상대와의 갈등상황에서 공정한 기준을 가지고 현명하게 대처한다는 의미에서 이런 협상스타일을 '여우형 협상가'라고 한다.

4번이 8개 이상인 경우 | 곰형 협상가
양보형 협상가(순응/양보) : 내 입장이나 협상목표를 관철시키려는 노력보다는 협상 과정에서 상대의 문제를 해결해 주는데 에너지를 소진하는 타입이다. 즉 상대와의 관계를 해치지 않기 위해 자신의 목표를 희생하는 타입인 것이다. 다시 말해 내 목표를 달성하려다가 자칫 상대와의 인간관계가 깨질 것을 염려한다.

　이 타입은 상대에게는 쉽게 양보해 주고 자신의 회사 내 누군가를 설득해야 하는 경우가 많다. 내가 상대의 문제를 해결하느라 성의를 보이는 만큼 상대도 그렇게 해주리라 믿지만 현실은 그렇지 못해 결국 자신이 희생해야 하는 타입으로, 미련할 정도로 우직하고 적극성이 결여되어 있다는 의미에서 '곰형 협상가'라고 한다.

5번이 8개 이상인 경우 | 거북이형 협상가
회피적 협상가(회피) : 협상 자체가 스트레스인 사람이다. 다른 사람과 이해조정하는 행위 자체에서 엄청난 압박감을 가진다. 이런 사람에게 협상이란 하지 않으면 않을수록 좋은 골칫거리일 뿐이다. 다른 사람과의 갈등과 충돌을 대단히 싫어하고 승패가 분명한 게임에는 관심이 없다.

　직장생활이든 일상이든 평화롭고 조용한 삶을 원하는 형으로 평소에는 유유자적하다가 상황이 복잡한 것 같으면 고개를 집어넣는 스타일이라 '거북이형 협상가'라고 한다.

　이상적인 협상가는 1번과 3번이 동시에 8개 이상으로, 가장 원-원에 가까운 스타일이다. 적극적으로 협력하며 분명한 태도로 협상하지만, 불가피할 경우에는 타협을 할 줄도 아는 타입이다. 또 위의 세 개 점수가 상대적으로 높은 사람은 적극적 협상가, 아래의 세 개 점수가 상대적으로 높은 사람은 소극적 협상가라고 볼 수 있다.

협상스타일	주장행동	협력행동	협상결과
협력적 협상가 (문제해결 / 결과)	Hi	Hi	W-W
적대적 협상가 (강제적 / 힘)	Hi	Hi	W-L
원칙적 협상가 (타협 / 논리)	Med	Med	w-w
순응적 협상가 (양보)	Low	Hi	L-W
회피적 협상가 (회피)	Low	Low	L-L

윈-윈 협상을 실천하려면

협상 당사자 모두가 협상 결과에 만족하고, 그 결과가 공동의 이익을 추구하고 있으며, 이익을 공유함으로써 우호적인 관계를 지속할 수 있을 때라야 비로소 윈-윈을 추구하는 협력적 협상이라고 할 수 있다.

바람직한 윈-윈의 결과를 도출하려면 다음과 같은 태도를 지녀야 한다.

1. 입장보다는 이해관계에 초점을 맞추고 협상을 진행한다.
2. 빙산 밑의 요소에서 협력적 요소를 찾아 준비해 둔다.

3. 바트나(BATNA ; Best Alternative To Negotiated Agreement)를 확인한다.

바트나란 상대방과의 합의에 도달하지 못했을 때 선택할 수 있는 '최선의 대안'을 의미한다. 사전에 바트나를 분명히 해두면 협상 과정에서 의연하게 대처할 수 있다. 협상에 임할 때는 바트나를 항상 적어놓고 최악의 경우에 나의 바트나보다 조금 더 나은 제안이 들어온다면 결렬시키기보다는 수락해야 하는 것이다.

협상에 임할 때는 나의 바트나뿐만 아니라 상대방의 바트나도 예측해야 한다. 즉 상대가 협상을 결렬시키지 않고 받아들일 수밖에 없는 최저의 조건이 무엇인지 확인해야 한다는 것이다.

상대의 바트나를 알면 언제나 협상에서 당당하고 유리한 고지를 차지할 수 있다.

4. 협상의 네 가지 유형을 제대로 이해하고 활용한다. '경쟁적/협력적/조직적/개인적 유형을 이해하고 활용하면 윈-윈의 가능성과 실천력이 높아진다. 이 네 가지 유형의 영역 속에 분명히 윈-윈의 요소가 숨어 있는 것이다. 만약 가격(경쟁적 영역)에서 상대방을 만족시키지 못한다면 다른 세 영역에서 찾아보자.

5가지 협상스타일인 부엉이형, 상어형, 여우형, 곰형, 거북이형 중에서 나는 과연 어떤 스타일에 해당할까?

협상전문가들은 부엉이형이나 여우형, 또는 그 두 가지가 혼합된 스타일을 가장 이상적인 협상가로 보고 있다. 적극적이고 냉철하게 자기주장을 하되 필요할 때는 타협도 할 줄 아는 스타일로, 윈-윈에 가장 적합한 협상 태도라고 할 수 있다.

하지만 여기서 말하는 '윈-윈'이란 절대평등을 의미하는 것은 아님을 이해하라.

정확하게 표현하자면, 내 입장에서 가장 바람직한 윈-윈이란 'W-w'의 형태가 되어야 한다고 생각된다. 즉 나는 목표했던 실익을 모두 얻고(large 'WIN'), 상대는 기쁨과 보람을 갖고 돌아갈 수 있는 요소를 찾아 주는(small 'win') 것이 최상의 협상 태도인 것이다.

나는 이익을 얻고 상대에게는 기쁨을 주는 것, 이것이 바로 현실적인 의미의 윈-윈인 것이다.

SECRET 09

크게 요구하면
크게 얻는다

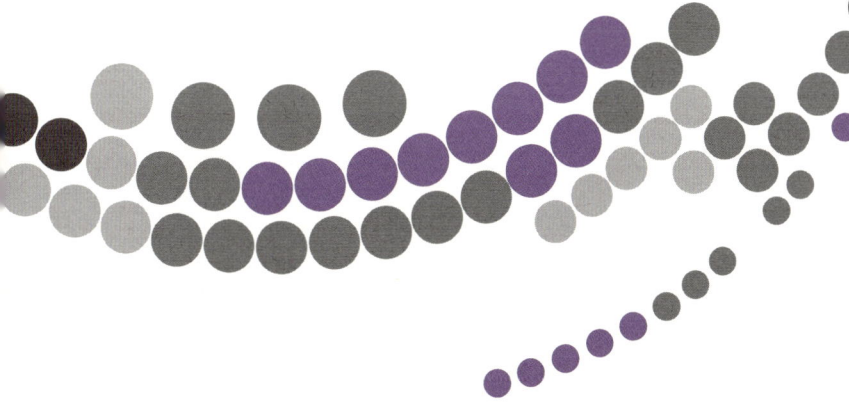

아무런 고려 없이
너무 지나친 최초요구를 하면
신뢰를 잃을 수도 있다.
상대방이 나와 우리 회사를
의심하지 않는 범위 안에서
가장 강한 요구조건을 찾아내서
웃으며 당당하게 요구할 줄 알아야
협상의 고수가 될 수 있다.

협상에서 이기기 위한 4가지 요소
PIPT(최초요구, 정보, 힘, 시간)

　　일요일 저녁, 아내와 함께 침대를 사기 위해 가구매장을 찾았다. 매장을 둘러보고 나서 아내는 220만 원짜리 고급침대를 마음에 들어했다. 나는 너무 비싸다고 느끼면서도 이왕 큰맘 먹고 사는 것이니 그래도 좋은 물건을 사리라 생각하고 매장 직원을 불렀다.
"무엇을 찾으십니까?"
"음…이 침대를 보고 있는데……."
"마음에 드십니까?"
"아주 마음에 드는군요."
"그럼, 이쪽으로 오시죠."
매장 직원은 우리를 계산대로 안내했다.
"지불은 현금으로 하시겠습니까, 아니면 카드로 하시겠습니까?"
나는 당장 전표를 끊으려는 매장 직원에게 서둘러 말한다.
"아, 가격 말인데요. 좀 비싸서 그러는데 깎아주실 순 없나요?"

하지만 매장 직원은 냉정하게 딱 잘라 말한다.

"곤란합니다. 예산이 어느 정도 되시죠? 180만 원 정도라면 조금 싼 것이 저쪽 코너에 있으니 돌아보시죠. 그리고 결정되면 다시 불러주십시오. 곧 오겠습니다."

이럴 경우 내가 할인 받을 가능성은 거의 없다. 하지만 만약 내가 다음 주부터 그 침대가 '반액세일'로 판매될 예정이라는 정보를 가지고 있다면 어떨까? 혹은 그 가구점의 사장이 나의 대학후배로 학창시절부터 안면이 있는 사이라면 어떨까? 그 가구점이 폐점시간 전에 침대 하나를 더 팔아야 그달의 매출목표를 달성할 수 있는 상황이라면?

협상에서 좋은 결과를 얻기 위해서는 반드시 알아 두어야 할 4가지 포인트가 있다. 협상학에서는 이를 'PIPT'라고 부른다.

- 최초요구(Primary Request) : 협상 당사자가 제시하는 최초제안
- 정보(Information) : 협상 당사자, 경쟁사, 협상상황 등에 대한 정보
- 힘(Power) : 협상 당사자가 통제력을 발휘할 수 있는 영향력의 요소
- 시간(Time) : 협상에 대한 시간제약과 압력

협상에 직·간접적으로 영향을 주는 이 4가지 요소를 다루는 실력이 곧 협상결과에 그대로 반영되는 것이며, 결국 이들 요소를 다루는 실력이 협상력을 좌우하는 것이다.

1. 최초요구

최초요구를 어떻게 할 것인가? 누가 먼저 할 것인가? 또한 상대방의 최초요구에 어떻게 대응할 것인가? 등 협상 초반에 이러한 이슈들에 대해 전략적 고려와 대응방법을 준비하지 않으면 협상이 실패할 가능성이 높아진다. 최초요구에 대한 적절한 대응이 협상의 향후 방향과 협상 주도권에 지대한 영향을 주기 때문이다.

2. 정보

상대에 대한 정보, 경쟁사에 대한 정보 그리고 협상상황에 영향을 주는 정보를 사전에 가능한 한 많이 입수해 두어야 한다. 그리고 상대에게 오픈해도 되는 정보와 오픈해서는 안 되는 정보를 미리 분류해 두어 오픈해도 좋은 정보는 우호적 협상 분위기를 위해 적극적으로 활용하되 노출해서는 안 되는 정보는 잘 보호해야 한다. 사전 정보가 준비되지 않는 상태에서 협상장에 들어가지 않는 것은 협상가의 기본 상식이다.

3. 힘

협상에는 눈에 보이지 않는 여러 가지 힘이 작용한다. 이러한 힘의 실체를 미리 알고 있으면 내게 유리하게 이용할 수 있다. 실무 협상의 경우 관련 지식과 경험이 많은 사람이 있을 때 그 사람이 가진 지식만큼 협상은 유리해진다.

　정찰제를 내세우는 백화점도 사실은 '관행의 힘'을 이용하고 있는 것이다. 고객이 가격을 흥정하려 할 때 점원이 가격이 인쇄된

라벨을 가리키며 "손님, 여기는 정찰제로 판매합니다."라고 말하면 대개는 뒷걸음질을 치는 이유가 바로 '관행의 힘' 때문이다. 서류나 인쇄된 기록 등을 내보이며 '합법성의 힘'을 이용하는 경우도 많다. 이렇든 협상에 영향을 주는 요소를 활용하여 유리하게 활용하는 것이 결과에 지대한 영향을 주는 것이다.

4. 시간

상대가 협상에 사용할 수 있는 협상시한이 언제까지인지 알아두는 것도 협상의 중요한 요소다. 반대로 나의 협상시한에 대해 상대가 알게 되면 협상이 불리하게 전개될 수도 있다. 내가 조직의 압력이나 시간의 제약, 엄격한 마감 등에 구속받고 있다면 상대도 마찬가지라는 사실을 꼭 명심하라. 그러니 마감시간에 쫓기지 말고 협상하라. 그리고 상대의 마감시한을 파악하라.

크게 요구하면 크게 얻는다

지구촌 가족들은 4년에 한 번씩 올림픽이라는 큰 잔치를 벌인다. 다음 올림픽 개최국은 대개 행사 5년 전에 선정하게 되는데, 일단 개최국이 선정되면 미국의 경우 3대 방송국인 ABC, CBS, NBC가 개최국과 중계권료 협상을 벌인다. 4년마다 열리는 행사이므로 협상의 최고수들이 협상테이블에 나가 치열한 전투를 치르는 것이다.

전통적으로 미국 내에서 올림픽에 가장 강한 방송사는 ABC로, 70~80% 정도를 낙찰받았다. 1960년 로마 올림픽의 경우 중계권료는 150만 달러, 1964년 도쿄 올림픽은 300만 달러, 1968년 멕시코 올림픽은 500만 달러, 1972년 뮌헨 올림픽 1,300만 달러, 1976년 몬트리올 올림픽은 2,200만 달러였다. 결과적으로 아프가니스탄 사태 때문에 반쪽짜리로 치러질 수밖에 없었던 1980년 모스크바 올림픽은 중계권료를 협상할 당시만 해도 이러한 사태를 예상하지 못해 역대 최고가로 낙찰되었다. 소련에서는 국제비즈니스 협상 사상 최고의 성공사례로 기록해놓은 반면, 미국에서는 최악의 사례로 기억하고 있다.

모스크바 올림픽의 중계권 협상은 몬트리올 올림픽 기간 동안 진행되었는데, 이때 소련 측 책임자는 미국의 3대 방송사 대표들에게 초청공문을 보냈다. 3대 방송사 대표들이 참석해보니 소련 측에서 제시한 최소한의 액수는 무려 2억 1,000만 달러! 아마도 미국 방송사 대표들은 "사회주의자들이 아무리 제정신이 아니라고 해도 이건 너무한 게 아닌가." 하며 돌아갔을 것이다.

정상적인 비즈니스 협상이 잘 안 될 때 미국인들은 흔히 로비스트를 동원한다. 미국 방송 3사는 분명 백악관에도 하소연했을 것이다. 하지만 소련 측은 꿈쩍도 하지 않았다. 그렇게 1년 정도 협상이 교착상태에 빠진 와중에 가끔씩 소련 측에서 날아오는 공문은 갈수록 그 위협의 강도가 세졌다. 예컨대 이런 식.

"여기저기 사람들을 동원해서 우리를 괴롭히는데, 자꾸 이렇게 나오면 우리도 딴마음을 먹을 수 있다. 미국 3대 방송사를 배제할 수도 있다는 뜻이다."

그럼에도 불구하고 미국 측은 계속 버텼다. 6개월 뒤 다시 소련에서 날아온 공문.

"우리가 말로만 경고하는 줄 아는데, 정 그런 식으로 나오면 우리도 행동으로 보여줄 수 있다."

올림픽 방송 역사상 미국의 3대 방송사가 배제된 적은 없었으니 미국 방송사들은 계속 버티는 한편, 각계에 호소하는 노력을 계속했다.

결국 소련은 공문조차 없이 행동에 착수했다. 'SATRA'라는 무명의 미국 회사와 가계약했다는 발표를 한 것이다. 당시 SATRA는 비디오데크 몇 대와 열악한 방송장비만을 갖추고 있는 영세한 회사였다. 당연히 미국에서는 난리가 났다. 미국의 3대 방송사가 올림픽 중계권에서 배제된 초유의 사태가 벌어진 것이다. 그렇다고 포기할 수는 없는 일이니 미국 3대 방송사들은 중계권을 따내기 위한 노력을 멈추지 않았다. 얼마 뒤 소련 측에서 비교적 호의적인 공문이 날아왔다.

"미국의 방송 3사가 여전히 포기하지 않고 있으니, 3대 방송사 중에서 가장 성의를 보여준 곳에 한 번 더 기회를 주겠다."

공문을 받은 미국 메이저 방송사들의 고뇌는 깊었다. 가까스로 다시 찾아온 기회인데, 대체 얼마를 써내야 할 것인가! 고심 끝에 각자 입찰서를 제출한 미국의 방송 3사 대표들은 곧바로 모스크바로 날아갔다.

리셉션 장소에서 소련 측은 이렇게 발표했다.

"미국의 3대 방송사가 모두 나름대로 성의를 보여주어 고맙게 생각한다. 하지만 그중에서도 NBC가 가장 합리적인 금액을 제시했으니 NBC에 중계권을 주겠다."

NBC는 기뻐서 자축했지만 돌아오는 비행기 안에서 금세 절망을 느끼기 시작했다. 미국으로 돌아온 3대 방송사 대표들은 한자리에 모여 자신들의 실패를 인정했다.

"우리가 다 같이 미친 짓을 했다!"

"이번에는 NBC가 대표로 망신당한 셈치고, 이 사례는 국익과도 직결되는 일이니 서로 입찰가를 오픈하고 케이스 스터디를 해보자."

그 자리에서 드러난 입찰가는 ABC 8,100만 달러, CBS는 8,300만 달러, NBC는 8,700만 달러였다. 이들은 이구동성으로 한탄했다.

"소련 측 대표를 처음 만난 순간부터 지금까지 머릿속에서 단 한 순간도 지워지지 않은 숫자가 2억 1,000만 달러였다. 그에 비하면 8,700만 달러도 너무 작다고 생각했다."

그런데 NBC가 감당해야 할 금액이 무려 9,300만 달러였다는 사실이 뒤늦게 밝혀졌다. 이미 소련 측과 가계약을 했던 SATRA에 위약금 600만 달러를 몰래 대납해준 것이다.

이 사건 이후로 협상 매뉴얼에는 "크게 요구하면 크게 얻는다."라는 격언 하나가 추가되었다. 협상 초기에 작전상 과도하게 요구하는 것을 '소련식 제안법'이라고 한다.

어떤 부부가 2억 5,000만 원짜리 신축 오피스텔을 구입한다고 가정해보자. 2억 4,000만 원으로 깎아 달라는 요구를 건축업자가 들어주었더라도 결국 1,000만 원밖에는 깎을 수가 없게 된다. 따라서 이런 경우에는 일단 "2억 원이면 어떻겠습니까?"라고 말을 던져볼 필요가 있다. 물론 상대는 "말도 안 되는 소리하지 마세요!" 하며 펄쩍 뛸 것이다. 그 정도라면 아마도 건축업자에는 원가에 가까운 가격일 테니 말이다.

이런 상황에서 구매자는 오피스텔이 무척 마음에 들어 당장에라도 구입하고 싶다는 내색을 보여서는 절대 안 된다. 그런 모습을 보이게 되면 건축업자의 입장이 강해지기 때문이다.

최초에 과도한 요구를 할 때에는 오히려 더욱 당당하게 요구하는 것이 포인트다. 최초요구는 마음껏 크게 할 것, 그리고 당당하게 할 것!

하지만 아무런 고려 없이 너무 지나친 최초요구를 하면 신뢰를 잃을 수도 있다. 상대방이 나와 우리 회사를 의심하지 않는 범위 안에서 가장 강한 요구조건을 찾아내서 웃으며 당당하게 요구할 줄 알아야 협상의 고수가 될 수 있다.

'15~20% 룰'을 기억하라

최초제안은 그 성격에 따라 다음 세 가지로 구분할 수 있다. 이 가운데 가장 바람직한 형태는 세 번째 '상호협력적 제안'이다.

1. 공격적 제안(소련식 제안법)

비즈니스 협상에서는 가급적 이런 제안을 하지 않는 것이 좋다. 제안하는 순간 결렬될 가능성이 높고, 타결까지 오랜 시간이 걸리며, 무엇보다 타결이 되었더라도 '보다 나은 결과'보다는 신뢰를 잃을 수도 있기 때문이다. 하지만 우리나라의 임금협상은 대개 이런 방식으로 진행된다. 매년 봄 노사 임금협상 현장에서 대치, 결렬, 강경투쟁이 반복되는 이유다.

2. 복종적 제안(수세적 제안)

협상에 서툰 셀러들이 가장 많이 하는 제안이다. 제안하기 전에 "내가 어떻게 써내면 계약을 해줄까? 어떻게 하면 경쟁사보다 낮은 가격을 제시하여 나에게 관심을 갖게 할까?" 등의 고민을 주로 하는 것이다. 협상의 기본 마인드가 안 되어 있는 사람들이 이런 실수를 많이 한다. 비즈니스 협상에서 절대로 이런 제안을 하면 안 된다.

협상목표를 잡을 때는 자신의 욕구를 반영해야 하고, 상대의 NO를 예상하고 제안해야 한다. 그런데 이런 제안을 하는 사람들은 자신보다 상대방의 욕구를 고민하고 상대의 YES를 예상한 뒤 아예 상대의 기대에 맞춰 제안하는 것이다.

이럴 경우 상대방이 기대했던 가격보다 10%쯤 낮춰서 제안해도 상대는 NO할 것이고, 그렇게 되면 잘해야 원했던 목표치보다 20% 가까이 손해를 보는 것이다. "NO는 NO가 아니다."는 격언을 상기하라.

3. 상호협력적 제안

내가 어떤 제안을 하든 상대의 대답은 No일 가능성이 높다. 따라서 가장 합리적 제안은 언제나 상대의 "No"를 예상해야 하는 것이다. 따라서 자신의 목표치보다 '15%' 정도 셀러는 높여서, 바이어는 낮춰서 상대의 강경한 No를 예상하며 담담하게 부를 줄 알아야 한다. 상대의 No를 들었다면 이제 협상은 시작된 것이다.

일상의 협상에서도 '15~20% 룰'을 기억해두면 유용하게 활용할 수가 있다.

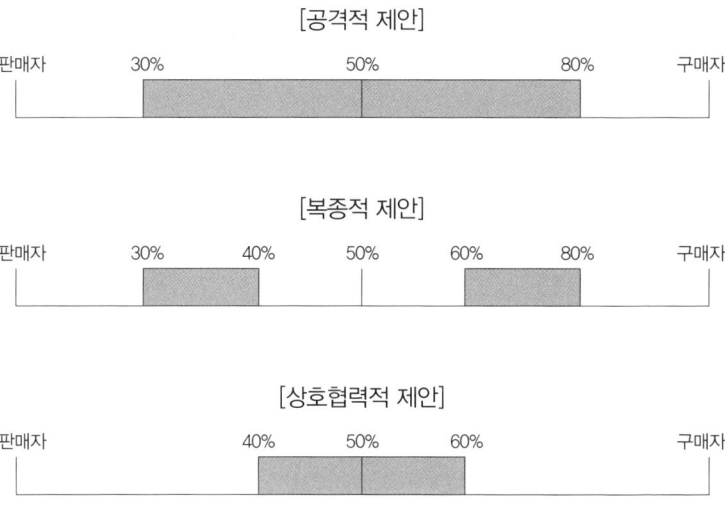

중고 컴퓨터 가게에서 원하는 컴퓨터를 발견했는데 파는 측에서 가격표에 120만 원을 써놓았다고 가정하자. 이럴 때 최초제안을 얼마에 하는 것이 좋을까. 이른바 '15~20% 룰'을 알아두면 의외로

실생활에 도움이 된다.

　예산이 부족하여 속으로 100만 원까지 할인해주면 구입하겠다고 마음먹고 있을 때 용기를 내 "사고는 싶은데 돈이 부족합니다. 95만 원에 주실 수 없나요."라고 말을 꺼내보라. 상대방이 예상과 달리 "요즘 장사도 잘 안 되는데 그냥 95만 원에 가져가세요."라고 순순히 응하는 경우가 있다. 가격이 투명한 신제품 시장과 달리 중고품 시장에서는 파는 측에서 고객이 에누리할 것을 미리 예상하고 팔고 싶은 가격에 15~20% 더 붙여서 가격표를 내거는 경우가 많기 때문이다.

　이는 처음에 내 쪽에서 금액을 제시해야 할 경우에도 사용되는 룰이다. 예산이 6,000만 원인 경우, 협상을 시작하는 금액은 5,100만 원(6,000×0.85) 정도가 적당하다.

　이제 성공적 협상을 위해 최초제안의 활용과 관련한 중요한 원칙을 배워 보자.

먼저 제안하라

최초제안은 내가 먼저 할 수도 있고 상대방이 먼저 할 수도 있다. 만일 가격이 투명한 협상, 예를 들어 컴퓨터기기, 전자제품, 통신기기, 의료용품, 공산품 등 모델별 사양이나 기능별로 가격대가 오픈된 협상을 하는 경우에는 가능하면 내가 먼저 제안하는 것이 협상 주도권을 가지는데 유리하다. 왜냐하면 내가 확고한 목표를 결정하고 나름대로의 확고한 협상폭을 가지고 제안함으로써 의연하게 대처할 수 있기 때문이다.

상대의 제안을 유도하라

라이선스 계약, 로열티 계약, 보상금 계약, 건설플랜트 계약, 컨설팅 계약, 각종 서비스 계약 등 가격이 불투명한 협상을 할 경우에는 상대의 제안을 유도한 뒤 그다음에 자신이 제안을 하는 것이 유리한 경우가 많다. 혹시 먼저 제안을 했다가 상대의 기대치보다 낮게 제안하는 바람에 낭패를 보는 경우가 많기 때문이다.

상대의 제안을 받으면 '쇼크법'으로 대응하라

협상은 처음부터 끝까지 자신의 기대치는 높이고 상대의 기대치는 낮춰야 한다.

상대가 제안을 할 때 깜짝 놀라면 상대가 자신의 제안이 효과적이었다고 확신하게 되고, 그런 이유 때문에 유연해지기 시작하는 것이다. 상대가 제안했을 때 당신이 가만히 있으면 상대는 자신의 제안이 약했다고 생각하게 되고 그렇게 되면 갈수록 강경한 주장을 하게 되어 협상이 난항에 빠지게 되는 경우도 많다. 따라서 상대가 제안할 때 놀라거나 주저주저하는 행동을 보이는 것은 일종의 협상 매너라고 생각하라. 그리고 상대의 제안에 대해 생각해본 다음에 놀라는 것은 그 자체로도 하수이다. 그냥 습관적으로 놀라라!

공격은 최선의 방어, 내가 먼저 공격한다

질문과 제안은 협상가의 무기이다. 따라서 협상장에 질문과 제안을 준비하지 않고 들어가는 것은 무기 없이 전쟁터에 나가는 것과 다를 바가 없다. 일종의 총알받이인 것이다.

협상은 적극적으로 질문하고 제안하는 사람이 협상의 주도권을 쥐게 된다. 가능하면 자기 쪽에서 질문하고 제안을 해나가는 것이 유리하다. 협상에서 원하는 것을 얻으려면 지속적으로 질문과 제안을 통해 공격을 가해야 한다. 예로부터 "공격은 최선의 방어"라는 말이 있다. 상대를 흔들어놓기 위해 구체적인 숫자나 증거를 열거하는 것도 좋은 방법이다.

앞서 예로 든 오피스텔 거래에서, 구매자가 먼저 2억 원을 제시했다면 건축업자는 뭔가 계산을 하고는 "2억 4,000만 원이면 어떻겠습니까? 단, 계약금 5,000만 원은 현금으로 준비해주시는 조건으로요."라고 말할 것이다. 대체로 5~10%의 가격할인을 이미 예상해둔 것이다. 그렇다면 구매자는 다음과 같이 또 다른 공격을 시도해볼 수 있다.

"겨우 1,000만 원 깎아주는 거잖아요. 같은 동 5층은 2,000만 원이나 할인 판매했던데, 우리도 그 선까지 해주세요."

그러면 그 세일즈맨은 이렇게 답할 것이다.

"아닙니다. 그 집은 지금 거래하시려는 집보다 훨씬 못한 층이기 때문에 할인폭도 더 있었던 것이고요. 그럼…조금 더 싸게 해서 2억 3,500만 원으로 하면 어떻겠습니까? 계약금 5,000만 원으로 하고요. 만약 오늘 중에 계약하신다면 추가로 1,500만 원을 더 할인해드리죠."

구체적으로 말하고 구체성을 요구하라

위의 오피스텔을 구매하려는 부부처럼 가격을 깎는 것이 목적일 경우, 얼마를 깎고 싶다는 것을 구체적으로 제시하지 않으면 상대가 협상에 응할 수 없다. 최초에 2억 원을 제시하여 거절당하면 "그럼 얼마까지 깎아줄 수 있습니까?" 하고 묻거나, 아니면 다시 구체적인 액수를 요구해야 한다. 어차피 숫자나 조건은 구체적으로 제시하지 않으면 고려의 대상이 되지 않기 때문이다. "잘 좀 해주세요~!" 혹은 "좀 깎아주세요~!" 등의 표현은 전혀 영향력이 없는 표현으로 협상의 입지가 나빠지니 주의해야 한다.

상대의 정보는 얻고, 나의 정보는 지켜라

협상에서 '정보'는 최초요구 못지않게 중요한 요소다. 원하는 것을 얻기 위해 정보를 교환하는 것 자체를 협상이라고 정의하는 사람도 있다. 정보는 그 자체가 힘이고, 돈이다.

협상은 상대를 만나기 전에 이미 시작된다. 상대에 대해 얼마나 철저하게 파악하고 있는가 하는 것이 협상의 성패를 좌우하기 때문이다.

집을 사러 갈 때도 최근에 가장 싸게 팔린 집, 경매로 나왔을 경우의 시세, 만나기 전에 집을 파는 이유 등을 사전에 조사해서 가야 유리하다. 상대방 회사에 나에게 협력해줄 사람이 있는지의 여부를 확인하는 것도 중요하다.

경쟁사에 대한 정보도 반드시 확인해야 한다. 상대는 나와 단독으로 협상하는 것이 아니라 다른 곳과도 틀림없이 접촉하고 있다. 따라서 경쟁사의 담당자 정보, 경쟁사의 조건, 경쟁사보다 나은 우리의 강점 등을 미리 파악해두어야 한다. 정보가 많으면 많을수록 협상을 유리하게 이끌어갈 수가 있는 것이다.

사전에 수집해야 할 정보는 크게 세 가지로 나눌 수 있다.

- 상대방 정보 : 개인정보, 구매(판매)정보, 협조자 정보
- 경쟁사 정보 : 경쟁사의 담당자 정보, 경쟁사의 조건 분석, 경쟁사의 우위점에 대한 대응책
- 사내 정보 : 향후 Line up 및 정책, 관련부서 협조(광고, 판촉, 기획), 사내 협조자 파악

상대의 정보를 수집하되 자신의 정보도 정확히 알아야 한다. 내가 진정으로 원하는 것이 무엇인지, 상대방이 진정으로 원하는 것이 무엇인지에 대해 많이 알면 협상중에 반영할 수 있다. 업계 현황, 사회현상 등 일반 정보는 수집하는 데만 치중할 것이 아니라 정보의 의미를 해석할 줄 알아야 한다. 부동산 거래에서 '보합세'라는 정보는 집을 가진 사람과 집을 살 사람 간에 정보의 의미가 다른 것이다. 즉 집을 가진 사람에게는 적신호이고, 집을 살 사람에게는 청신호가 되는 것이다. 따라서 정보의 의미를 잘 해석해서 이를 협상계획에 반영하여 협상 과정에서 어필해야 결과에 긍정적 영향을 주는 것이다.

또한 협상장에서 대화하는 과정에서도 추가 정보를 얻어낼 수

있다. 이때는 Listen(듣다), Ask(묻다), Look(보다)의 3가지 방법을 활용하는 것이 좋다. 미국 UCLA의 심리학 교수인 앨버트 메러비언(Albert Mehrabian)의 주장대로 커뮤니케이션의 55%가 보디랭귀지의 영역에 속하기 때문에 마음을 담아 관심 있게 상대방을 보면 유용한 정보가 보일 수 있다.

협상을 할 때는 가능한 한 나의 정보는 지키고 상대의 정보는 알아내도록 노력해야 한다. 이를 위해 협상 초반에는 듣는 데 열중해야 한다. 상대의 말을 듣는 과정에서 상대와 타협할 수 있는 실마리를 찾을 수도 있기 때문이다.

'심문'하지 말고 '질문'하라

내 쪽에서 금액을 제시했을 때 상대가 "그건 좀 곤란해요. 너무 낮은 금액입니다."라고 난색을 표명하여도 곧바로 반응해서는 안 된다. 상대가 침묵의 시간을 인내하지 못해 스스로 입을 열 때까지 기다려야 한다. 상대는 왜 낮은 금액이라고 생각하는지를 납득시키기 위해 시시콜콜 설명할 것이다. 상대가 침묵을 참지 못해 내뱉는 정보는 매우 유익하다. 내가 먼저 말을 꺼냈을 때는 절대 얻어내지 못할 귀중한 정보임을 명심해야 한다.

중고차를 구입할 때 가격협상 장면을 떠올려보자. 영업사원은 고객의 침묵을 메우기 위해 매물로 나온 중고차의 좋은 점을 침 튀

기며 광고할 것이다. 더 할 말이 없어지면 그제야 단점에 대해서도 한두 마디를 하기 시작한다.

"이 차는 주행 거리가 5만 킬로미터 밖에 안 되는 데다 관리를 잘해 새 차나 다름없어요. 손님이 원하는 금액은 너무 낮으니 조금만 더 쓰세요. 물론 가벼운 접촉 사고가 한두 번 났지만 엔진은 멀쩡하며 도장까지 완벽하게 새로 했습니다."

접촉 사고가 났었다는 필요한 정보를 입수했다면 이번에는 역제안을 해야 한다.

"문짝을 바꾸면 겉으로는 아무리 멀쩡해도 새 차와는 다르지요. 만일 제 차를 중고차 시장에 내놓을 때 그런 사고가 있었다면 어쩌시겠어요. 그러니까 그 부분만큼 가격을 빼주시는 게 맞지 않나요?"

어떤 협상이라도 상대의 말 속에 필요한 정보가 있다. 이 정보를 잘 활용하여 상대가 수긍하게 만들면 의외의 성과를 거둘 수도 있는 것이다.

상대방으로부터 좋은 정보를 얻어내기 위해서는 질문의 기술도 필요하다. 협상의 하수들은 질문을 심문처럼 한다. 심문은 정보를 얻기 위한 행동이 아니라 내 생각이 맞나 안 맞나 확인하기 위함이다. 협상중에 심문을 하게 되면 상대는 방어적 자세로 돌아서서 마음의 문을 닫아버린다. 상대의 숨어 있는 욕구를 드러내게 만드는 것이 좋은 질문이다.

협상을 할 때에는 가능한 한 폐쇄형 질문보다는 개방형 질문을 하는 것이 좋다. "제 제안이 마음에 드세요?"와 같이 "Yes" 아니면

"No"로 밖에 대답할 수 없게 만드는 질문이 폐쇄형 질문이다. 이를 "제 제안이 어때요?"로 바꿔 물으면 상대방의 마음이 담긴 대답을 들을 수 있다.

여기서 한걸음 더 나아가 의문사로 물어보는 직접질문 대신 평서문으로 물어보는 간접질문을 사용하면 보다 효과적이다. "사장님은 제 제안에 대해 뭐라고 말씀하시나요?"라는 질문보다는, "사장님은 제 제안에 대해 어떻게 생각하시는지 궁금하네요."라고 묻는 편이 상대의 방어벽을 허무는데 유리하다.

그리고 명료화 질문을 활용하라. 명료화 질문이란 상대방이 자신의 생각을 정리하여 말하도록 하고 또 상대에게 자신의 관심을 보여 주는 목적을 위하여 하는 질문법이다. 즉, "귀사와 거래하게 되면 저희 회사에 어떤 이점이 있는지 한 가지 예를 들어 주시겠습니까?" "이 제품이 경쟁사 제품보다 비싼 이유를 말씀해 주신다면?" 등 상대의 이야기를 방해하지 않으면서도 자신의 관심과 호의를 보여주는 방법이다.

힘의 근원

힘은 생각 속에 있다. 사람들에게 동일한 사실과 동일한 지위가 주어졌다 할지라도 사람들은 자신들의 상황에서 다르게 반응한다는 충분한 증거가 있다. 이와 같은 사실은 협상가가 힘의 근원을 이해하는데 활용된다. 왜냐하면, 힘은 협상에서 결론을 내리는

데 중요한 역할을 하기 때문이다.

힘에는 여러 가지 원천이 있다. 몇몇은 자원에, 다른 몇몇은 법률, 규칙 또는 판례에 그리고 또 다른 것들은 심리학적 요인에 근거한다.

협상에서 중요한 힘의 근원은 다음과 같은 것들이다.

- 경쟁
- 합법성 및 정당성
- 서약
- 지식
- 위험 부담
- 시간
- 노력 또는 성실성
- 돈
- 협상기술
- 다정다감한 인간관계

그 가운데 중요한 몇 가지를 살펴보자.

1. 경쟁관계의 힘

"어떠한 경쟁에도 자신 있으니 당신이 원하는 최상의 가격을 알려 주세요."라고 셀러가 말하는 것은 바이어에게의 현명한 접근이다. 경쟁관계를 이용하는 바이어의 능력을 제한하는 것이 될 수도 있다.

2. 합법성의 힘

합법성만큼 사람들을 무력하게 만드는 힘의 원천은 없다. 우리는 절차, 법, 표준 양식, 그리고 정가표 등을 어떤 상황에서든 의문의 여지도 없는 권위주체로 받아들이도록 살면서 배워왔다.

사람들이 백화점에서 가격을 깎을 생각조차도 안 하는 것도 정가표 뒤에 숨겨진 본래적 권위 때문인 것이다.

힘은 또한 여론, 담백함, 우수한 실적, 배경이 좋은 지위, 관례 등의 요소에도 부여된다.

3. 앞으로의 협상에서 합법적 힘을 추가하는 두 가지 실용적인 제언
- 협상 토의 내용과 도출된 합의 사항 모두를 잘 기록한다.
- 당신 스스로 합의사항을 메모한 뒤 협상을 마감한다.

4. 지식의 힘

프랜시스 베이컨이 말했다. "아는 것이 힘이다." 예를 들어, 바이어가 셀러의 비용, 조직, 사업 기반, 제품을 더 많이 알수록 협상을 더 잘할 수 있다. 일반적으로 상대편에 대해 더 많이 알수록 당신의 힘은 더 커진다.

어떤 정보를 찾고 있는가, 그리고 어느 곳을 찾아보고 있는가?

더 깊이 상대를 탐구하기 위해 앞서 말한 협상의 4가지 유형을 이용하라. 그들 조직의 이해사항과 그들의 개인적 관심사항, 그들이 경쟁력 있는 관심사, 그리고 그들과의 공동 이익을 만들 수 있는 숨겨진 요소들이 있다.

5. 위험 부담 능력

안전은 인간이 꿈꾸는 목표 중 하나이다. 우리는 어디에서든 발생할 수 있는 위험을 피하기 위해 욕망을 분배한다. 보상이나 벌칙에 관하여 거대하고 불확실한 부담을 기꺼이 수용하는 사람이 힘을 갖는 것이다.

불안은 합리적 이유보다 두려움과 선입견에 근거를 두고 있을 수 있다. 이러한 것들은 회사차원은 물론 개인차원에서도 존재하는 것이다. 따라서 이러한 불안을 넘어 위험을 무릅쓰는 것은 협상에서 가치 있는 부분이며 권력 구조의 일부인 것이다.

6. 시간과 노력의 힘

시간과 참을성이 힘이다. 시간 제약에 압박을 받는 편은 상대편에 힘의 원천을 제공하게 된다. 구매 담당자가 인도 기일과 사전 통지, 재고 시스템의 중요성을 강조하는 이유가 이 때문이다.

구매-판매 협상은 사람을 녹초로 만드는 힘든 작업이므로 업무에 대한 열의가 힘이다. 아마도 협상 과정에서 가장 힘든 일은 목표달성과 교착상태로 인해 우리에게 부과되는 압박일 것이다. 그러한 과정에서도 치열하게 그리고 열심히 일하려는 편이 협상에서의 힘을 획득한다. 이러한 것을 심리학에서는 '노력의 힘, 또는 도덕성의 힘'이라고 한다.

예를 들어, 협상 장소에 약속시간보다 늦게 도착한 측이 앉으면서 "늦어서 죄송합니다."라고 말한다. 어떻든 먼저 도착해 있는 쪽보다는 성실성과 도덕성 면에서 떳떳하지 못한 것이다. 결국 미안한 만큼 많이 양보하면 되는 것 아니겠는가? 많은 사람들이 단지 게으르고 불성실함으로 인해 중요한 힘의 원천을 상실하는 것이다.

앞서 2장의 〈상대의 '시간'을 빼앗아라〉에서 언급했던 것처럼 협상에서 상대가 시간을 투자하게끔 해야 하는 것은 매우 중요한 원칙이다. 상대를 내 회사 회의실로 끌어들여 협상하는 것이 유리할까, 아니면 내가 상대 회사로 찾아가는 편이 유리할까? 가능하다면 상대를 내 회사로 끌어들이는 편이 훨씬 유리하다.

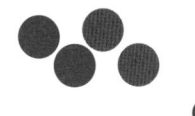

SECRET 10

하버드 식 협상기술에서 배우는 4가지 철칙

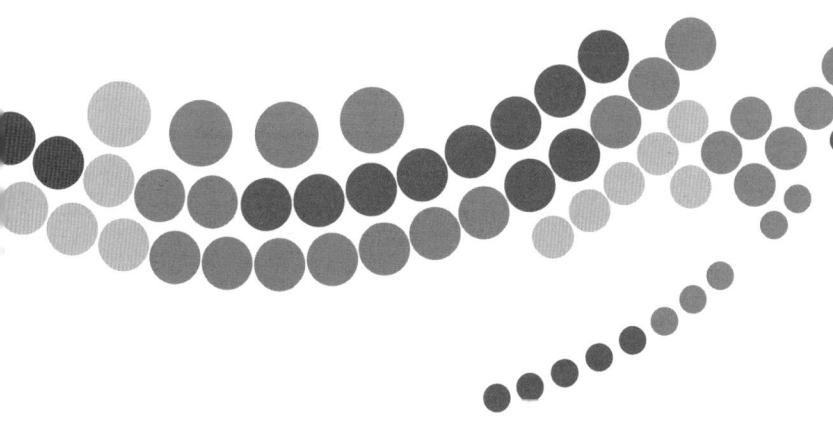

협상은 이기고 지는 문제가 아니다.
감정에 치우치게 되면
아무래도 승패에
초점이 맞춰질 수밖에 없다.
협상의 고수가 되려면
감정을 먼저 내세우기보다는
문제해결에 정신을 집중해야 한다.

피하거나 폭발하는
협상의 하수

한국인이 왜 협상의 하수인가에 대해서는 앞서 언급한 바 있다. 대부분의 경우 일을 확대하지 않고 수습하는 쪽으로 마음이 움직인다. 그러다보니 처음부터 협상을 피하려는 경향까지 보인다.

회사든 가정이든 협상을 즐기지 않고 회피할 경우 나중에 꼭 문제가 드러나는 법이다. 회의 때 책임 문제로 발전할 가능성이 있는 안건은 뒤로 미루고 쓸데없는 이야기로 시간을 낭비하는 조직은 약화될 수밖에 없다. 가정에서도 마찬가지다. 부모가 바쁘다는 핑계로 자녀들의 교육 문제를 외면할 경우, 아이들도 부모 말을 듣지 않음으로써 반격을 한다.

협상은 꼭 외교 무대나 비즈니스의 세계에서만 필요한 것은 아니다. 인간의 살아가는 모든 현장에 협상력은 꼭 필요한 기술이다. 적절한 협상력을 익혀두면 부모와의 대화를 단절해버린 아이들과 정감어린 소통을 회복할 수도 있고, 직장 상사나 고객 앞에서도 주눅 들지 않고 당당하게 자기 의견을 말하면서도 성과를 올릴 수가 있다.

협상이 왜 어려울까?

한마디로 상대방이 호락호락 내 말을 들어주지 않기 때문이다. 나와 상대방의 이익이 충돌하는 협상의 현장에서 누가 감정적으로 흐르지 않고 냉철하게 대처하는가가 협상의 고수와 하수를 가르는 분기점이다.

협상의 하수들은 대개 충돌을 회피하거나 감정이 지나쳐 폭발하는 경향을 보인다. 이에 반해 협상의 고수들은 껄끄러운 문제도 눈 하나 깜짝하지 않고 자기의 입장을 이야기 한다. 인간은 감정의 동물이기 때문에 일상에서 훈련하지 않으면 협상의 고수처럼 되기 힘들다. 자동차로 올림픽대로를 달리다보면 교통체증이 극심한 출퇴근 시간에 사소한 접촉 사고 때문에 멱살잡이를 하는 광경을 심심찮게 볼 수 있다. 누구나 한발 물러서서 합리적으로 생각해보면 많은 사람들에게 피해를 주는 행동 대신 매끄럽게 해결할 수 있는 협상 방법이 있는데도 감정을 앞세운다.

이혼 소송을 많이 다루는 변호사 친구 말을 들어보면 대부분의 의뢰인이 합리적 해결보다는 감정을 내세운다고 한다. 예컨대, 남편의 외도가 원인이 된 이혼 소송에서 거액의 위자료를 챙기기 위해 남편의 급여를 차압하는 아내들이 그렇게 많다는 것이다. 감정을 억누르지 못하는 일부 열혈 아줌마들은 남편 회사까지 찾아가 공개적으로 망신을 주기도 한다.

하지만 생각해보라. 만일 남편이 회사에서 평판이 나빠져 계속 일을 할 수 없는 지경에 이르게 되면 남편을 곤경에 빠뜨린 아내도

곤란한 상황에 처할 것이다.

위자료고 뭐고 어떡하든 외도를 한 남편을 골탕 먹이는 것이 최종 목적이라면 모르겠지만, 어차피 이혼하게 된 마당에 안정적으로 생활하는 게 목적이라면 너무 감정을 내세운 행동은 일을 그르칠 수가 있다.

협상은 이기고 지는 문제가 아니다. 감정에 치우치게 되면 아무래도 승패에 초점이 맞춰질 수밖에 없다. 협상의 고수가 되려면 감정을 먼저 내세우기보다는 문제해결에 정신을 집중해야 한다.

하버드대 경영대학에서는 협상의 기술을 매우 비중 있게 가르치고 있다. 여기서 나온 협상의 4가지 철칙을 익혀두면 앞으로 유용하게 써먹을 수 있을 것이다.

철칙 1 | '사람'과 '문제'를 분리하라
"자네 사장이 와서 사과하면 몰라도 자네는 도저히 용서할 수가 없네!"

살다보면 어떤 문제가 생겼을 때 문제 자체보다는 사람에 대해 감정을 내비치는 경우를 종종 목격한다. 하지만 협상의 고수라면 '사람'이 아니라 '문제'에 초점을 맞춰야 한다. 설령 감정을 내세워 상대방을 고개 숙이게 만들었더라도 내게 얻어지는 실익은 없다. 그저 "이겼구나."라는 일시적인 승리감만 있을 뿐이다.

하지만 '사람'과 '문제'를 분리하는 것이 말처럼 그리 쉽지는 않다. 매일 일어나는 크고 작은 문제를 놓고 이러한 태도를 끊임없이 훈련함으로써 몸에 익혀둬야 한다.

철칙 2 | '입장'이 아니라 '이해'에 초점을 맞춰라

남편의 입장, 아내의 입장, 상사의 입장, 구매자의 입장 등 수많은 입장이 있다. 하지만 이러한 입장에 너무 구애 받게 되면 협상을 진전시킬 수 없다. 당신의 입장이 어떠하든 상대방의 말을 잘 경청하고 타협할 것은 타협해가면서 서로 납득할 수 있는 결과를 만들어내는 것이 중요하다.

철칙 3 | 행동을 결정하기 전에 많은 가능성을 생각하라

협상을 하기 전에 반드시 브레인스토밍이 필요하다. 협상 과정에 일어날 수 있는 다양한 변화를 미리 예상하고 철저한 준비를 해야 하기 때문이다. 상상력을 충분히 발휘하면 할수록 실제 협상에서 곤란한 상황에 처하게 될 확률을 줄일 수 있다. 중요한 협상항목을 빠뜨리지 않았는지, 보다 나은 해결책은 없는 것인지 등 여러 각도에서 검증에 검증을 거듭해야 한다.

철칙 4 | '객관적 기준'을 따르도록 노력하라

협상을 할 때 '사람'을 보는 것이 아니라 쟁점을 둘러싼 상황, 시장 가격, 판례, 전문가의 의견 등 '객관적 기준'을 따르도록 노력해야 한다. 항상 객관적 기준에 비춰가면서 냉정하게 문제를 해결해나가는 자세가 필요하다.

　운이 나빠 교통사고를 당했을 때를 가정해보자.
　"이봐, 젊은 놈이 무슨 운전을 그따위로 해!"

이런 감정 실린 말을 들었을 때 상대방은 어떤 태도를 보일까? "정말 죄송합니다."라며 고개를 숙이는 사람도 있겠지만, "왜 반말이야!"라고 반항하는 상황도 충분히 있을 수 있다. 나보다 어린 상대방이 교통사고를 내고도 대들 때 당신은 화내지 않고 침착하게 대응할 재간이 있는가?

교통사고 현장에서 상대방이 젊고 안 젊고는 문제의 본질이 아니다. 교통사고라는 문제와 사람을 분리하여 문제 자체에 초점을 맞출 때 원만한 해결책이 나올 수 있다.

교통사고로 부상을 당해 입원을 하면 상대방이 가입한 보험회사의 담당자가 등장한다. 수많은 교통사고 환자를 다뤄본 경험이 있는 보험회사 직원이라면 협상의 고수라고 인정해야 한다. 그는 분명 여러 가지 기준을 내세우며 되도록이면 보상금을 낮추려고 노력할 것이다. 상대의 페이스에 말려들면 꼼짝없이 당할 수 있다.

이럴 때 필요한 것이 '객관적 기준'이다. 인터넷을 조사하거나 다른 전문가의 도움을 받아 객관적 기준을 알아본 다음 협상에 임하는 것이 중요하다. 한 다리 건너면 누구나 연결되는 좁은 한국 땅에서 보험회사에 다니는 먼 친척이나 지인을 찾기란 그리 어려운 일이 아닐 것이다.

외도한 남편과 이혼할 경우에도 '입장'이 아니라 '이해'에 초점을 맞춰야 한다. 물론 아내 입장에서 당한 정신적 괴로움을 이해하지 못하는 바는 아니지만, 이혼은 하나의 협상 과정이기 때문에 실리를 추구하는 태도가 필요하다.

이혼 협상을 할 때에는,
- 위자료 1억 5,000만 원
- 한 번에 지불할 수 없으면 분할 지불하고, 이자만큼 총액수를 늘린다.
- 남편 명의의 아파트에 계속 거주하며, 남편이 나가 산다.
- 남편의 생명보험 수취인 자격을 계속 유지하게 한다. 등

이런 식으로 이혼 이후의 생활 안정에 대한 대책을 중심으로 협상을 진행할 필요가 있다.

'경청'이야말로 협상의 가장 강력한 수단

협상이 원만하게 진행되지 못하고 결렬되었을 때 취할 수 있는 수단에 대해서도 생각해둘 필요가 있다. 인질 협상이나 핵무기 협상과 같은 긴박한 상황에서도 결렬이 곧 파국으로 치닫지 않도록 하기 위해서는 다양한 선택 수단을 강구해야 한다.

이때 중요한 것은 정신적인 여유다. 여유를 가지면 상대의 요구에 대해 과감하게 'No'라고 말할 수 있다. 협상 전 브레인스토밍을 통해 나열한 항목 가운데 이것만은 절대로 'No'라고 대답할 항목을 미리 결정해둔다면 협상 과정에서 당황하지 않고 침착하게 대응할 수 있을 것이다.

아무리 'No가 협상의 시작신호'라 해도 'No'만 되풀이한다면 협

상은 한 발짝도 앞으로 나아갈 수 없다. 비록 처음에는 'No'로 협상을 시작했다손 치더라도 상대방의 반응에 따라 양보할 수 있는 한계점도 미리 정해둘 필요가 있다. 이 한계점을 넘어설 경우에는 과감하게 협상 결렬을 선언하고 당신이 미리 준비해둔 다음 수단을 사용하면 된다.

인질 협상이 어려운 것은 범인이 협상의 한계점을 정해두지 않기 때문이다. 인질 석방을 유도하는 경찰은 범인의 요구 사항을 면밀히 검토하며 한계점을 찾아보지만 여의치 않을 경우에는 최후의 수단으로 강제 진압에 나선다. 재빠른 행동으로 범인을 제압하고 인질을 석방하는 경우도 있지만, 최악의 경우 범인을 모두 사살했지만 인질 중에도 상당한 희생자가 발생하는 경우도 적지 않다.

아무튼 협상에 있어서 한계점을 미리 정해두는 것은 매우 중요하다. 한계점을 넘어설 경우 결렬도 불사하겠다는 각오가 서 있는 한, 상대방이 아무리 강하게 나오더라도 물러서지 않고 대응할 수 있는 용기가 생긴다.

협상은 이기고 지는 승부가 아니다. 나의 주장이 일방적으로 먹혀들어갔다고 해서 반드시 승리했다고 말할 수는 없다. 만일 일시적인 승리로 인해 상대가 나에 대해 불만을 품게 된다면 장기적인 관점에서는 손해가 될 수도 있는 법이다. 내가 상대방과 입장을 바꿔봤을 때에도 무난한 협상이 바람직한 협상이다.

협상을 할 때 상대를 설득시키기 위해 분주한 사람이 의외로 많다. 하지만 내가 하고 싶은 말만 하고 상대의 입장을 듣는 데 인색한 사람은 협상의 고수가 될 자격이 없다. 어떤 경우에도 상대에게 하고 싶은 말은 모두 내뱉게 한 다음 천천히 자기주장을 펼치는 여유가 있어야 한다. 상대의 주장을 잘 들어주는 것만으로도 상대에게 신뢰감을 심어줄 수 있기 때문에 경청을 '협상의 제1원칙'으로 삼아도 무방할 것이다.

자신의 주장을 가장 효과적으로 펼친 수 있는 타이밍은 상대가 할 말을 모두 소진한 다음이다. 상대가 흥분하여 속사포처럼 말 폭탄을 쏟아부을 때에는 마음껏 말을 하게 내버려둬야 한다. 말을 막고 중간에 끼어드는 것은 협상 하수들의 전형적인 행동이다.

아무리 어처구니없는 말을 하여도 자르지 말 것, 비판하지 말 것, 열심히 들어줄 것!

경청이야말로 그 무엇과도 바꿀 수 없는 협상의 강력한 수단이다.

협상에는 '협박'도 유효한가?

깡패들이 돈을 뜯어낼 때 주로 사용하는 '협박'은 협상의 수단이 될 수 있을까? 정답은 "그렇다"이다. 어쩌면 유사 이래 가장 흔하게 사용되던 협상술이 '협박'일지 모른다.

깡패들은 채무자에게 돈을 뜯어낼 때 폭력이나 욕설을 퍼부어 잔뜩 겁을 집어먹게 한 다음 종이와 볼펜을 건네 지불 각서를 쓰게 한다.

요즘에는 많이 달라졌겠지만 불과 얼마 전까지만 해도 검찰이나 경찰에서도 자백을 받아낼 때 깡패들과 유사한 협박을 써왔다.
이런 협박은 협상 상대의 반발을 불러일으킨다는 점이 가장 큰 단점이다. 깡패나 경찰 앞에서도 반발심이 일어나는데 일반적인 협상장에서는 오죽하겠는가?
회사 경영이 어려워져 종업원들에게 급여 인하를 요구할 때에도 '협박' 전술이 종종 사용된다.
"회사가 어려우니 임금 삭감에 응해줘야겠네. 만일 임금 삭감에 응하지 않으면 회사에 계속 다니게 할 수가 없어."
아무리 회사 경영 사정이 힘들다 해도 종업원들에게 이렇게 말한다면 반발을 살 수밖에 없을 것이다. 어쩌면 고용노동부에 신고할 지도 모를 일이다.
사장이 협상의 고수라면 같은 말이라도 얼마든지 달리 말할 수 있다.
"임금 삭감에 응해주지 않겠나? 요즘 회사 경영 사정이 말이 아니라서 말이야. 급여를 지금처럼 주다가는 여러분을 계속 고용하기란 불가능해."
전자나 후자 모두 임금 삭감에 응하지 않으면 자르겠다는 협박성 발언이다. 하지만 같은 내용이라도 상대방의 반발을 초래하는 말투가 있고, 그렇지 않은 말투가 있다. 협상의 고수가 되려면 이 점을 명심해야 한다. 내가 전하고 싶은 메시지를 전달하면 그만이지 굳이 상대의 반발을 불러일으킬 필요는 없을 것이다.

빨간 신호등도
다함께 건너면 무섭지 않다

:
:
:

일본에서 가장 유명한 코미디언이자 영화감독인 비트 다케시(기타노 다케시北野武)가 한 유명한 말 중에 "빨간 신호등이라도 다함께 건너면 무섭지 않다."라는 말이 있다. 사람의 집단의식을 간단명료하게 정리한 탁월한 표현이라는 생각이 든다.

협상을 잘하려면 이러한 사람의 심리를 효과적으로 이용해야 한다. 협상을 할 때 알아두면 유용한 사람의 심리를 몇 가지만 소개해보자.

모든 사람에게는 '보은(報恩)'의 심리가 있다 | 상대의 호의나 양보에 대해 "갚아야 한다."는 심리가 저절로 작동하게 되어 있다. 등산을 할 때 내려오는 사람이 "좋은 산행되세요."라고 인사를 하면 올라가는 사람은 거의 예외 없이 "예"라고 대답한다. "웃는 얼굴에 침 못 뱉는다."라는 속담은 '보은의 심리'를 반영한다. 협상에서 상대로부터 양보를 이끌어내기 위해서는 이쪽에서 먼저 사소한 양보를 함으로써 '보은의 심리'를 움직이는 게 기본 중의 기본이다.

사실 점점 각박해지고 있는 요즘 세상에는 누구나 가지고 있는 '보은의 심리'조차 잃어버린 사람도 있긴 하다. 이런 상대를 만나면 도리가 없다. 협상을 포기하고 다른 방도를 찾을 수밖에.

"빨간 신호등이라도 다함께 건너면 무섭지 않다."라는 말은 남이 하고 있

는 것을 그대로 따라하고 싶어하는 사람의 심리를 표현한 말이다 | 이를 '사회적 증명'이라고 달리 말하기도 한다.

협상을 할 때 '사회적 증명'을 잘 활용하면 상대를 무력화시킬 수 있다. 판례를 들먹이거나, 다른 많은 사람들이 그렇게 하고 있다는 사실을 납득하게 한다면 협상은 분명 내게 유리한 방향으로 이끌어갈 수 있을 것이다.

사람들은 호감을 느끼는 사람에 대해서는 쉽게 'Yes'라고 말하는 경향이 있다 | 앞서 설명한 협상 프로세스 'PEAR사이클' 가운데 두 번째 단계인 'Encounter(관계형성)'는 상대방과 공감대를 형성함으로써 협상을 유리하게 이끌어나가는 매우 중요한 과정이다.

협상의 하수들은 시작부터 자신의 이익만을 내세우며 상대를 설득하려든다. 그러나 협상 고수가 되려면 상대와 좋은 협상 분위기를 조성하는 과정을 절대 빠뜨려서는 안 될 것이다.

권위자나 전문가의 말을 존중하는 심리를 이용할 필요도 있다 | 이는 협상에서 정보를 제시할 때 사용할 수 있는 매우 유용한 수단이다. TV 토론 프로에 참가한 패널들이 종종 권위자의 힘을 빌려 자신의 주장을 펼치는 광경을 볼 수 있다. 유력한 신문의 기사를 프린트하여 보여주거나 유명한 연구소의 리포트를 인용함으로써 자기주장에 대한 신뢰도를 높이려 한다. 협상에 있어서도 마찬가지다. 말로만 자기주장을 펼치는 것보다는 공신력 있는 기관의 발표 자료를 프린트하여 보여준다면 힘을 얻을 수 있을 것이다.

일반적으로 최초의 행동이나 정보가 그 이후의 지각(知覺)에도 영향을 미친다ㅣ 일단 비싼 물건을 구입한 사람은 상대적으로 싼 물건에 대한 가격 저항이 줄어든다. 예컨대, 100만 원이 넘는 고급 양복을 구입한 사람에게 "멋진 양복을 구입했으니 여기에 어울리는 넥타이도 하나 장만하시죠."라며 10만 원대 고급 넥타이를 권할 경우, 그 제안을 받아들일 가능성이 매우 커진다. 100만 원대 고급 양복을 구입하지 않은 사람에게 10만 원이 넘는 넥타이는 가격 저항감이 상당할 것이다.

큰 협상을 마무리하는 시점에서 살짝 작은 협상을 덤으로 성사시키는 것은 협상 고수들이 즐겨 사용하는 수법이다.

일본 도쿄의 번화가 긴자(銀座)에 스와치(SWATCH)빌딩이 있다. 이 빌딩 4층에는 스위스제 최고급 라인의 시계들이 전시되어 있으며 한 층씩 내려올 때마다 낮은 가격대의 시계를 전시해놓고 있다. 고객이 3층으로 내려오면 조금 싸졌지만 여전히 비싸다는 느낌이 든다. 그러다가 2층 매장을 둘러보면 "조금 무리하면 살 수 있겠구나."라는 자신감이 생긴다. 하지만 사실 2층 매장에 전시된 시계들도 매우 비싼 제품들이다. 지하 1층 매장에는 전혀 다른 인상의 제품들이 널려 있다. 이 빌딩에서 소비자의 어떤 심리를 이용하고 있는지는 더 이상의 설명이 필요 없을 것이다.

도어 인 더 페이스 테크닉(Door in the face Technic)이라는 심리학 용어도 알아두면 좋다ㅣ 우리말로 '상대방이 문을 살짝 열면 얼굴을 들이민다.'는 뜻인데, 사람이 부탁을 거절할 때 부담을 느끼는 심리를 이용하는 기법이다.

대표적으로 돈을 빌릴 때 이 기법을 이용하면 효과적이다. 자신의 진짜 목표는 상대로부터 10만 원을 빌리는 것이지만 거절할 것을 대비해 50만 원만 빌려달라고 부탁한다. 그럴 때 적당한 핑계를 대며 "그럼 부족하지만 10만 원만 빌려줘."라고 말할 때 이를 받아들일 가능성이 크다는 것이다.

고객에게 물건을 판매할 때 비싼 가격대의 고급 제품을 먼저 보여준 다음 비교적 저렴한 제품을 사도록 유도하는 마케팅 전략도 여기에 속한다고 볼 수 있다.

대조적으로 풋 인 더 도어 테크닉(Foot in the door Technic)은 작은 부탁을 하여 상대가 거절하지 못하게 한 다음 큰 요구를 하는 방법이다 | 우리말로 '문 안에 한발 들여놓기' 수법이라고 한다.

요즘에도 유흥가에 가보면 '기본 5만 원, 팔도미녀 상시 대기' 같은 문구로 취객들을 유혹하는 술집 광고를 볼 수 있다. 이 광고에 솔깃해 자리에 앉으면 이 구실 저 구실을 내세워 몇 십만 원의 술값을 지불하게 만든다.

비즈니스의 세계에서도 풋 인 더 도어 테크닉은 기본이다. 큰 기업과 거래할 때 영세한 기업은 소규모 수주라도 받으려고 애를 쓴다. 일단 거래가 시작되면 차츰 큰 거래의 기회도 생길 수 있기 때문이다.

원하라,
강력하게 원하라

협상의 철칙이든 심리 전략이든 자신의 메시지를 상대에게 전달하려는 '강한 의지'가 없다면 무용지물이 된다. 영어 단어나 숙어를 머릿속에 많이 외우고 있다고 해서 외국 사람과 대화를 잘할 수 있는 것은 아니다. 마찬가지로 아무리 협상의 고수들이 말하는 기법을 알아도 이를 써먹는 것은 당사자의 몫이다.

다음 두 가지 상황을 보면서 강한 의지가 협상 결과에 어떠한 영향을 미칠지 살펴보자.

1. 협상의 하수 A씨의 경우

보름간 미국 여행을 마친 A씨. 오랜만에 만나게 될 가족들을 생각하며 샌프란시스코 공항에 도착했다. 아뿔싸. 귀국 예정편이 취소됐단다.

A씨 : 인천행 714편 예약 티켓입니다. 탑승수속 부탁합니다.
창구 : 손님 죄송합니다. 인천행 714편은 기술상의 이유로 오늘 비행은 취소되었습니다. 저쪽 게시판에도 '인천행 714편 취소'라고 되어 있지요.
A씨 : 아니 이틀 전 예약 확인했을 때만 해도 스케줄에 아무런 변경이 없었는데 취소라니 어떻게 된 일입니까? 비행기가 어떻게 됐나요?

창구 : 말씀 드린 대로 인천행 714편은 기술적 문제로 인해 운항이 취소되었습니다. 손님 티켓으로는 모레 724편으로 돌아가실 수 있습니다.

A씨 : 모레라니요! 안 됩니다. 오늘 인천으로 출발하지 않으면 곤란해요. 내일부터 업무에 복귀해야 합니다. 모레 중요한 회의도 있는데….

창구 : 손님 심정은 잘 이해합니다. 하지만 우리는 승객 안전을 최우선시 하기 때문에 어쩔 수 없습니다. 이 점 양해해주시리라 생각합니다. 정비 불량의 비행기를 운항해서는 안 된다는 건 손님도 잘 아시잖아요.

A씨 : 그건 압니다. 어쩔 수 없지 뭐. 어디서 머물지…, 회사에는 어떻게 말하지….

창구 : 공항 근처 호텔을 소개하겠습니다. 이틀 간 체재비는 항공사에서 부담하겠습니다. 괜찮겠습니까?

A씨 : 알겠습니다. 기다리는 수밖에요.

창구 : 여기 호텔로 가는 지도와 이틀분 쿠폰입니다. 다음 손님 들어오세요.

협상의 하수 A씨의 무엇이 문제인지 살펴보자.

A씨가 말한 "이틀 전 예약 확인했을 때만 해도 스케줄에 아무런 변경이 없었는데 취소라니 어떻게 된 일입니까?"라는 말은 협상 결과에 아무런 영향도 미칠 수 없는 쓸데없는 말이다. 이틀 전에는 아무 문제가 없었지만 출발 직전에 기술상의 문제가 발견됐다는

사실을 A씨 본인도 알지 않는가. 게다가 창구 직원이 비행기의 기술상의 문제로 운항이 취소됐다는 사실을 말했는데도 재차 "비행기가 어떻게 됐나요?"라고 묻는 것은 시간 낭비다.

기술상의 문제로 인해 예약한 비행기의 운항이 취소됐다는 것은 되돌릴 수 없는 사실이기 때문에 이를 재차 확인하기보다는 어떻게 하면 다른 항공편을 찾아내어 모레로 예정된 중요한 회의에 참석할 수 있을 것인가에 초점을 맞추는 편이 현명할 것이다.

무엇보다 협상 하수 A씨의 가장 큰 문제점은 어떡하든 문제를 해결하려는 '강한 의지'가 없었다는 점이다. 협상을 할 때에는 원해야 한다. 그것도 강력하게 원해야 원하는 것을 얻을 수 있다.

2. 협상의 고수 B씨의 경우

B씨 : 인천행 714편 예약 티켓입니다. 탑승수속 부탁합니다.

창구 : 손님 죄송합니다. 인천행 714편은 기술상의 이유로 오늘 비행은 취소되었습니다. 저쪽 게시판에도 '인천행 714편 취소'라고 되어있지요.

B씨 : 출발이 연기됐다는 말입니까, 아니면 완전 결항입니까?

창구 : 운항 자체가 취소됐습니다. 손님 티켓으로는 모레 724편으로 돌아가실 수 있습니다.

B씨 : 모레라니요. 그건 안 됩니다. 모레 아주 중요한 회의에 참석해야 하니까요. 모레 출발은 절대 받아들일 수 없어요.

창구 : 손님 심정은 잘 이해합니다. 하지만 우리는 승객 안전을 최우선시 하기 때문에 어쩔 수 없습니다. 이 점 양해해주시리

라 생각합니다. 정비 불량의 비행기를 운항해서는 안 된다는 건 손님도 잘 아시잖아요.

B씨 : 제 마음을 이해해주셔서 감사합니다만, 제가 귀사에 기대하는 것은 오늘이나 늦어도 내일 출발하는 다른 인천행 비행기입니다. 가능한 예약 상황을 알아봐주시요.

창구 : 요즘 손님이 너무 많아 직항편은 공석이 없습니다. 죄송합니다.

B씨 : 반드시 직항편이 아니라도 좋습니다. 하네다나 나리타를 경유하여 들어가는 항공편은 없을까요?

창구 : 아, 여기 있군요. 내일 오전 10시에 출발하는 하네다행 808편에 공석이 하나 있습니다. 하네다에서 614편으로 갈아타면 회의 시간에 맞출 수 있겠네요.

B씨 : 다행이네요. 추가 요금이 발생하지 않게 확인해주세요. 그리고 오늘 밤 호텔비와 식사비 쿠폰도 부탁합니다. 참, 회사에 상황을 보고해야 하니 국제전화비와 택시비도 부탁해요.

창구 : 알겠습니다.

협상의 고수 B씨는 시종일관 침착한 태도를 유지하면서 자신이 원하는 것을 분명하게 요구하고 있음을 알 수 있다.

우선 출발 시기. 모레 출발은 절대 받아들일 수 없다는 것을 분명하게 밝힌 상태에서 협상을 시작한다. 게다가 오늘 아니면 늦어도 내일까지는 출발해야 한다는 구체적인 요구까지 했다. 그래야 상대는 어떤 행동을 취해야 할 것인지 분명히 알 수 있는 것이다.

창구 직원으로부터 "손님이 너무 많아 직항편에는 공석이 없다."는 말을 듣고도 포기하지 않고 유연하게 대안을 찾아보려는 B씨의 적극적인 태도는 협상의 고수답다.

도쿄를 경유하는 다른 항공편을 찾아내어 원하는 협상 결과를 얻은 뒤에도 협상의 고수 B씨는 꼼꼼하게 챙길 건 다 챙기고 있다. 추가 요금이 발생하지 않도록 확인하고, 호텔비와 식비는 물론 국제전화비와 택시비까지 빠짐없이 받아내는 수완을 발휘했다.

실전에 강한
고수들의
협상전술

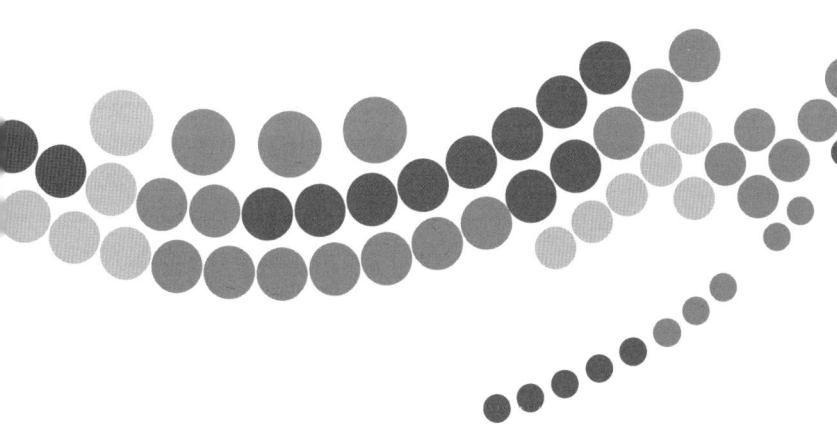

협상은 상대방에 관한 정보를
많이 얻는 편이 유리한 것이 사실이다.
그 유리한 정보를
상대방에게서 잘 이끌어 내어
협상을 유리하게 만드는 전술이
가정질문법인 것이다.

효과만점의
다양한 협상전술들

　　협상도 바둑처럼 정석과 수순과 맥이 있다. 여기서 한발 더 나아가 고수가 되려면 변화무쌍한 협상전술을 익혀야 한다. 정석과 수순과 맥을 알고 있다고 해서 조훈현이나 이창호가 될 수 없듯이 협상도 상황에 따른 적절한 대응책을 구사하지 않으면 고수가 될 수 없다.
　협상의 실전에서 사용되는 전술은 수십, 수백 가지에 달한다. 한 번에 한 가지 전술을 사용할 수도 있고 몇 가지 전술을 조합하여 구사할 수도 있다.
　이번 장에서는 수많은 협상 전술 가운데 세계적으로 널리 통용되고 있는 몇 가지 전술을 소개하고자 한다. 협상전술의 엑기스라고 할 수 있는 이 전술들만 익혀두어도 실전에서 당황하지 않고 훌륭한 성과를 거둘 수 있을 것이다.

1. 살라미 소시지법
다음과 같은 상황이라면 당신은 어떻게 협상을 전개할 것인가?

당신은 어떤 노인에게 6,000평의 광대한 토지를 구입하려고 한다. 하지만 노인은 그 토지에서 농사를 지어 생활하고 자식 교육까지 시킨 터라 애착이 무척 강하다. 그에게는 나름대로 추억이 담긴 땅이기 때문이다. 하지만 1,000평 정도라면 팔 생각도 있다고 한다. 당신도 지금 당장 6,000평 전부가 필요한 것은 아니지만 시간이 걸리더라도 모두 구입하고 싶다.

이런 경우에 가장 효과적인 협상전술은 살라미 소시지법이다. 살라미 소시지는 동구권 사람들이 즐겨먹는 음식으로, 매우 짜서 얇게 잘라 먹는 게 특징이다. 누가 조금만 달라고 해도 여간해서는 나눠주지 않을 정도로 좋아하는 음식이기도 하다.
 이런 경우에는 처음부터 너무 큰 요구를 하면 저항도 심하고 또 결렬될 가능성이 커지기 때문에 작은 요구로 나누어 야금야금 원하는 것을 얻어내는 협상 방법이 유효한 것이다.
 '큰 요구는 작게 세분하여 요구하라.'는 것이 살라미 소시지법의 핵심인데, 이 전술은 헝가리의 공산당 총서기장이었던 마시아스 라코이푸가 스탈린의 발트 3국을 점령하는 과정을 목격한 뒤에 붙인 이름이다.
 작은 타협점을 계속 만들어나가면서 협상을 성공으로 이끄는 방법인데, 상대로부터 얻어낸 작은 타협을 큰 협상 결과로 연결 짓는 작전인 것이다. 협상 내용에 간극이 커 단번에 합의에 이르기 어려운 상황에서 주로 사용된다. 이 전술은 '첫걸음이 되는 작은 타협을 어떻게 이끌어낼 것인가'가 전체 협상의 성패를 좌우한다고 말할 수 있다.

일단 사소하지만 한 가지라도 타협을 하고 나면 쉽게 멈추지 못하는 것이 인간의 심리다. 이러한 심리를 이용하여 합의를 이끌어내고 싶은 내용을 잘게 나누어서 순서대로 하나씩 하나씩 제시하면서 얻어 내는 방법이다. 이때 상대의 부담감과 저항감을 초래하지 않도록 주의해야 한다.

처음의 합의 내용을 기반으로 서서히 합의 내용을 넓혀나가는 것인데, 중요한 것은 순서이다. 이 순서가 합의를 어렵게 만들지 쉽게 만들지를 결정하는 것이다.

- 1단계 : 상대의 부담이 없도록 협상을 시작한다.
- 2단계 : 서서히 합의 내용을 넓혀나간다.
- 3단계 : 상황을 정확하게 설명하여 합의 내용을 더욱 넓힌다.
- 4단계 : 지금까지의 합의 내용을 기반으로 새로운 합의를 이끌어낸다.

어떻든 첫 합의를 이끌어내는 것이 가장 중요하다. 너무 욕심을 내면 거부당할 가능성이 커지며 욕심을 내지 않아도 협상을 질질 끄는 결과를 초래할 수 있다.

다음은 구 소련의 지도자 스탈린이 발트 3국을 점령할 때 사용했던 살라미 소시지법의 실제 사례이다.

구 소련 : 독일의 위협에 대비하여 병력을 대서양 쪽에 배치하고 싶다. 최단 루트로 귀국의 영토를 통과하고 싶은데 도와달라. 독일의 위협에 대비하여 귀국의 국가안전에도 도움이 될 것이다.
발트 3국 : 통과하는 것이라면 특별히 문제될 것은 없다.
구 소련 : 가능하다면 이동하는 동안의 물과 식량을 귀국에서 조달했으면 한다. 물론 돈은 지불하겠다.
발트 3국 : 돈을 지불한다면 그렇게 해도 좋다.
구 소련 : 실은 우리 부대원들의 훈련이 덜 된 상태다. 제대로 훈련시킨 다음 파병해야 하는데 사태가 워낙 긴박하게 돌아가는 바람에 어쩔 수 없었다. 이동하면서 훈련을 시키고 싶은데 가능하겠는가?
발트 3국 : 훈련으로 인해 우리 국민에게 피해가 가지 않는다면 그렇게 해도 좋다.
구 소련 : 고맙다. 훈련지역을 한정하여 귀국민에게 피해가 가지 않도록 할 것을 약속한다. 훈련 중에 일어날 수 있는 만일의 사고에 대비하여 일시적으로 기지를 운영하고 싶다.
발트 3국 : 일시적인 기지라면 상관없다.
구 소련 : 그 기지에 사고대응부대를 주둔시켜도 괜찮겠는가.
발트 3국 : 어쩔 수 없지 않는가.

2. 기정사실법

어느 날 당신이 동의할 수 없는 조항이 적혀 있는 계약서가 집으로 날아왔다. 고장 난 차를 수리할 생각으로 가까운 정비공장에 가져가 견적을 부탁했는데 나중에 가보니 이미 수리하고 나서 30만 원의 청구서를 건네준다. 이럴 경우에 당신이라면 어떻게 대처할 것인가?

위의 사례는 상대방이 전형적인 기정사실법을 구사한 것이다. 이 전술의 포인트는 'Act now, Negotiate later(먼저 행동한 다음 협상한다)'이다.

기정사실법은 좀처럼 협상장에 나오지 않는 상대를 협상장으로 나오게 할 때 사용하는 강력한 전술로, 우리나라에서는 보통 부동산 개발업자들이 종종 쓰는 전술이다.

예컨대 골프장 하나를 건설하려면 환경영향평가와 함께 관공서의 허가절차 등 해야 할 일이 많다. 그 가운데에 가장 어려운 관문이 주민들의 동의와 토지보상 협상인데 주민들이 협상에 응하지 않고 완강하게 버틸 경우 어려운 난관에 봉착한다. 건설회사 입장에서는 한꺼번에 협상을 하고 싶지만 마을 주민들을 한꺼번에 협상장으로 나오게 하는 것도 쉽지 않다. 이럴 때 건설회사 측에서 주민들을 협상장에 나오게 할 목적으로 쓰는 악랄하고 강력한 협상전술이 바로 이것이다.

즉 마을 주민들이 모두 잠든 한밤중에 포클레인을 동원하여 동네 야산을 모두 깎아버리고 도주한다. 아침에 일어나 밖으로 나온 마을 주민들은 밤새 달라진 야산을 보고 화들짝 놀라지만 이미 산은 원상회복이 불가능한 상태이므로 엎지른 물이 되고 말았다. 포클레인까지 버리고 달아난 건설회사 직원들이 며칠 뒤에 나타나 마을 사람들과 협상을 시작한다.

요즘은 좀 다르지만 과거에 우리의 일상에서 여자 집안으로부터 심한 결혼 반대에 부딪힌 남자가 일단 신붓감을 며칠 빼돌린 다음 다시 그 집을 찾아가 결혼 승낙을 받아내는 방법도 일종의 기정사실법이라 할 수 있을 것이다.

기정사실법을 쓰는 상대에게 대처하는 방법은 이쪽에서도 상대가 동의할 수 없는 계약서를 작성하여 보내거나, 고발하겠다고 협박하거나, 인터넷에 올리겠다고 협박하는 등의 강력한 대응을 해야 한다. 기정사실법은 상대가 약할 경우나 호흡이 맞지 않을 때 사용하는 전술이지만 리스크가 대단히 큰 전술이다.

3. 페인트법

비즈니스 협상에서 가장 사용빈도가 높은 협상전술 중의 하나로 자신이 협상에서 얻고자 하는 중요한 사항은 전혀 언급조차 하지 않으면서 중요하지 않은 사안을 협상의 쟁점으로 부각시킨 다음 그것을 양보하면서 결국 자신에게 중요한 사항을 얻어 내는 방법이다.

예를 들어, 당신 부서에서 사무기기를 구입하려고 하는데 마음에 드는 기종이 예산보다 비싸다. 어떻게 해서든지 예산 범위 내에서 그 기종을 구입해야 한다.

이 경우 자신에게 중요한 이슈는 가격할인이지만 사무기기 판매

원에게 가격에 대한 이야기는 일절 꺼내지 않고 시종일관 상대가 추가할 수 없는 기능(자신에게 중요하지 않은 요소)을 추가했으면 한다고 계속 강조하다가 기능추가를 포기하는 대신 원래 얻고자 했던 가격인하를 요구하여 얻어내는 것이다.

즉, 자신에게 중요한 것을 얻어 내기 위해 다른 것을 바라는 것처럼 행동함으로써 상대방을 속이는 전술이다. 이 전술의 포인트는 '자신의 본심을 상대가 느끼지 못하도록 하기 위해 일부러 상대를 현혹시킬 수 있는 언동을 하는 것'이다.

4. 역할분담법

'Good cop / Bad cop tactics' 또는 'Good guy / Bad guy tactics'로 알려진 이 협상전술은 세계에서 가장 널리 사용되고 있는 협상전술 중 하나다. 이 전술은 팀 단위로 협상할 때 주로 사용하는 방법이다.

팀원 중 한 명이 고압적인 악역을 맡고 협상 진행을 방해하는 역할을 연출하고, 다른 한 명이 선한 역할을 맡아 우호적인 태도로 협상을 진전시키는 역할을 연출하면서 상대를 압박하여 원하는 것을 얻어 내는 전술이다.

즉, 협상 과정에서 악역이 상대방에 대한 배려 없이 협상에 제동을 걸거나 협상 진행을 방해하면서 상대방을 압박하다가 자리를 비울 때 착한 역할을 맡은 사람이 상대를 위로하며 다소 나은 조건을 제시한다. 그러면 그때까지 악역에게 몹시 시달림을 당했던 상대방은 위로를 받는 기분이 들거나 지푸라기라도 잡는 심정으로 쉽게 타협해 버리는 것이다. 악역을 연출하는 것은 대개 아버지, 변호사, 인사부장, 경리부장, 세무사, 영업부장, 잔소리가 심한 상사 등이다.

영화를 보면 조폭이 채무자를 협박하여 돈을 뜯어내거나 경찰이 범인을 심문하여 자백을 받아내는 장면에 역할분담법이 종종 등장한다. 험상궂게 생긴 악역이 상대에게 욕설을 내뱉거나 폭행하는 시늉을 하며 겁을 잔뜩 먹게 한 다음 화장실에 간다며 잠시 자리를 비운다. 이때 옆에서 지켜보던 선한 역이 등장해 "고향이 어디야?" "담배 한 대 피울래?"라는 말로 위로하는 척하다가 "그만 적당한 선에서 털어놓지. 저 녀석 성질에 가만두지 않을 거야."라며 타협을 유도하는 것이다.

이 전술에는 한 가지 리스크가 따른다. 상대가 눈치 채버릴 위험성이 큰 것이다. 상대에게 탄로 나지 않도록 능숙하게 하지 않으면 안 된다.

만일 상대방이 이 전술을 구사하고 있다는 사실을 알아차렸다면 다음과 같이 대처하라.

- 우선 협상을 중단한다.
- 우리 쪽에서도 더욱 강력한 악역을 연출하여 대항한다.
- 상대의 악역이 앞뒤 생각 없이 말하고 있을 때 "솔직하게 대화하시죠."라고 직격탄을 날려 상대가 성실하게 대화에 임할 수 있도록 유도한다.

5. 파(Par)법

파법 또한 협상가들이 익혀야 할 효과적인 전술 중 한 가지이다. 이 전술은 매우 간단한데다 양심적인 방법이기도 하다.

골프에서 파는 일정 기준의 정해진 숫자를 뜻한다. 파3, 파4, 파5의 홀에서는 각각 3번, 4번, 5번 만에 홀에 공을 집어넣으면 파를 기록하게 되는 것이다. 파법은 가격협상에서 유용하게 활용할 수 있는데, 상대에게 가격 인하를 강요하는 것이 아니라 상대에게 해결책을 생각하게 만들어 협력을 이끌어내는 것이 포인트다.

예를 들어, 당신은 지금 욕실 수리를 하려고 하는데 업자로부터 1,100만 원의 견적을 받았다. 사실 이 견적은 당신 생각에도 매우 합리적인 가격이다. 요즘 가장 인기 있는 디자인에 품질 좋은 타일과 자재를 사용하고 있고, 수리업자의 작업 솜씨 또한 훌륭하기 때문에 논리적으로는 업자에게 깎아 달라고 설득하기 어려운 상황이다.

하지만 당신이 욕실 공사에 쓸 수 있는 예산은 1,000만 원 뿐이다. 이런 경우에 가장 효과적인 협상전술이 상대의 선의에 호소하여 마음을 움직이는 파법이다.

"당신의 제안이 마음에 듭니다. 좋은 자재를 쓰고, 작업 솜씨 또한 훌륭하다는 것을 잘 알고 있습니다. 하지만 내가 쓸 수 있는 예산이 딱 1,000만 원 밖에 없어요. 사실 이 돈은 어머님이 우리 집 욕실 고치라고 한 푼 두 푼 알뜰히 모아 제게 주신 거예요. 이것이 어머니가 남겨두고 가신 통장입니다. 가능하면 어머니가 주신 예산 범위 내에서 수리하고 싶습니다."라고 이야기한다.

파법은 이제부터 효과를 나타내기 시작할 것이다. 어째서 그럴까?

업자는 당신이 자신의 서비스나 가격에 대해 흠을 잡지 않는다는 데 대해 만족한다. 게다가 공사 대금을 100만 원쯤 낮춘다고 해서 손해를 볼 일도 아니다. 업자는 당신의 선의에 마음이 움직여 양측 모두에게 도움이 되는 더 좋은 방법을 찾기 시작할 것이다.

업자는 1,000만 원에 욕실 공사를 부탁하는 당신의 파법에 대항하여 자신이 제시한 1,100만 원의 견적 속에 어떠한 서비스와 자재들이 포함되어 있는지를 자세히 설명하면서 응대할 수 있다. 사용하려는 타일 등 자재들의 재질이 얼마나 좋은지, 페인트공이나 타일 작업을 하는 수리공들의 기술이 얼마나 훌륭한지 등을 장황하게 설명할 것이다. 그래도 당신이 1,000만 원 예산에서 물러서지 않는다면 공사 중에서 당신이 직접 감당할 수 있는 작업의 범위나 예산을 낮출 수 있는 방법 등 다른 좋은 대안을 제시할 것이다.

바이어들의 파법에 대한 대응책

셀러들은 바이어들의 파법에 대한 손실을 줄일 수 있어야 한다. 즉, 파법을 자신에게 유리한 방향으로 활용해야 한다. 다음은 셀러가 바이어의 파법에 대응하는 일반적 방식이다.

- 협상을 시작하기 전에 대안으로 제시할 수 있는 디자인이나 가격, 배달 패키지 등을 준비해 둔다.
- 누가 진정한 구매 결정권자인지 파악해 둔다.

- 누가 돈을 가지고 있고, 누가 최종적으로 대금을 결제하는지를 알아 둔다. 상대가 대금 결제 기간이나 방법을 바꿀 수도 있다. 상대가 당신에게 자신들의 파(Par)를 시험하고 있는 것이다.
- 바이어들이 직접 할 수 있는 일들은 직접 하도록 하여 비용을 줄인다.
- 잠시 적극적으로 아무런 행동도 취하지 않고, 단지 상황이 어떻게 흘러가는지 유심히 지켜본다.

당신은 파(Par)가 일방적으로 이루어지는 방법이 아니라는 것을 염두에 두어야 할 것이다. 필자는 파법을 쓰는 바이어들을 반기는 유능한 셀러들을 많이 보아왔다. 잘 활용하면 자신의 제품의 가치를 올리는 기회로도 활용할 수 있기 때문이다.

셀러들이 사용할 수 있는 파법

셀러들이 사용하는 파법의 핵심은 바이어에게 "당신의 제안은 맘에 들지만 몇 가지 간단한 문제들이 해결되기 전에 거래가 성사될 수 없을 거 같네요."라는 말을 던지는 것이다.

다음은 셀러들이 사용하는 파법의 방법에 대한 예시다.

- 당신의 요구에 응할 수 있지만 그렇게 하려면 100% 우리에게 주문을 하셔야 합니다.
- 그렇게 해드릴 수는 있지만, 우리가 제공하는 상품 라인에 맞춰서 당신의 디자인을 바꾸는 것을 동의해 주셔야 합니다.

- 그렇게 하시려면 1,500만 원이 최소 구매 가격입니다.
- 당신은 42모델을 원하지만 우리는 48모델을 제공할 수밖에 없습니다.
- 당신이 이 가격으로 구매하기 원한다면 배달하는 데 열흘이 소요됩니다.

셀러들이 파법을 잘 사용하면 더 많은 수익을 올리고 바이어와의 관계를 더욱 돈독하게 만들 수 있다. 또한 구매를 결정하도록 유도하고 경쟁요소가 제거되도록 돕는다. 이와 더불어 바이어들이 무엇을 원하고 있으며, 얼마나 많은 돈을 쓸 것인지 확인할 수 있는 기회가 될 수도 있다.

파법이 효과를 발휘하는 이유는, 일반적으로 협상은 이성보다는 감정적인 측면이 선행하기 때문이다. 사람은 자신의 정당성을 인정받는 것에 의해서도 어느 정도 만족을 얻는다.

위의 사례에서 당신이 상대 업자의 기술력과 품질을 인정했기 때문에 서로 협력할 수 있는 분위기가 조성될 수 있었다.

6. 사다리법 또는 에스컬레이트법

협상의 철칙은 권한을 가진 사람과 협상하는 것이다. 좀처럼 앞으로 나가지 못했던 협상이 윗사람의 말 한마디로 결정되는 것은 드문 일이 아니다. 실무협상에서는 직위나 직급이 힘을 발한다고 앞에서 배웠다. 협상학에서는 자기 상사의 직급을 이용해서 상대를 압박하는 전술을 에스컬레이터법이라고 하고, 상대 상사의 직위나 직급을 이용하여 상대를 움직이는 전술을 사다리법이라고 한다.

예를 들어, 당신은 어떤 프로젝트를 6,000만 원에 용역을 주기로 한 연구소와 대화를 마무리했다. 서로의 일정 등도 결정하여 웃으면서 악수를 하고 헤어졌다. 그런데 가격 면에서 다소 불만이 남아 있다. 그래도 한 5% 정도 추가로 할인하고 싶다. 어떻게 하는 것이 좋은가.

이런 경우는 자기 상사의 직위를 이용하여 상대를 압박하는 에스컬레이트법이 효과적이다.

회사에 돌아와서 전화로 "죄송해서 어쩌죠? 상무님께 보고 드렸다가 엄청 혼났습니다. 이 계약 승인해주실 수 없다고 하네요. 정말 죄송하게 되었는데요. 저희 상무님 봐서 5% 정도만 할인해서 계약하면 안 될까요?"라고 부탁하는 것이다.

이 경우 상대는 사실 기분은 나쁘지만 상대방 실무자와 그 상사가 이 일에 관심을 가지고 있다고 생각하고, 이번에 내가 약간의 성의를 보이면 상대방도 직위가 있으므로 다음에 상응하는 조치를 취해줄 거라는 생각에 요구에 응해주기가 쉬운 것이다.

이와는 반대로 상대 상사의 직위를 이용하여 상대를 압박하는 협상전술을 사다리법이라고 한다. 클레임을 습관적으로 거는 클레이머들이 가장 많이 사용하는 전술이기도 하다. 레스토랑이나 백화점, 호텔 프런트에서길 뭔가 문제가 생길 때 바로 책임자를 불러내는 것이 바로 사다리법이다.

예를 들어, 자신은 분명이 예약을 했는데 호텔 프런트에서 예약이 되어 있지 않다는 말을 들었다고 하자. 이때 프런트 직원을 붙

잡고 옥신각신하는 것은 좋은 방법이 아니다. 아무런 권한이 없는 프런트 직원을 상대로 쓸데없이 에너지를 낭비하기보다는 "알았어요. 매니저 좀 불러주세요."라고 말해야 한다.

가격협상에서도 마찬가지로 막다른 골목에 이를 것 같은 느낌이 들면 바로 상대의 상사를 끌어들이는 게 상책이다. "사장님을 한 번만 뵙게 해 주십시오. 사장님께 말씀드려서 안 된다고 하시면 깨끗이 포기하겠습니다."고 호소하여 상대의 상사를 불러내는 것이다. 상대의 상사가 나오지 않으면 모르되 어쨌든 불러내기만 하면 반은 성공한 것이다. 왜 그럴까?

이 전술이 효과적인 것은 다음의 이유들 때문이다.

- 상사는 자세한 현장 상황을 잘 파악하지 못하는 경향이 있다.
- 상사는 자신에게 결정권이 있으며, 우유부단하지 않게 의사결정을 신속하게 하는 모습을 직원들 앞에서 드러내고 싶어한다.
- 상사는 타협의 폭과 양보할 수 있는 유연성을 갖고 있다.
- 상사는 현장의 세세한 일보다는 경영계획과 같은 큰일을 생각하려는 경향이 있다.
- 상사는 눈앞의 문제가 아니라 더 큰 정치적인 판단도 할 수 있는 권한이 있다.

이런 점들을 잘 알고 있는 협상가들은 문제가 잘 안 풀리거나 협상이 교착상태에 빠질 경우 바로 상대의 상사를 불러내려고 노력하고 요구한다. 이 전술이 그만큼 강력하기 때문이다.

7. 크런치법

크런치(Krunch)법은 구매담당자들이 전통적으로 가격협상에서 활용하는 효과적인 전술이다.

예를 들어, 한 바이어가 셀러 3명으로부터 소금에 대한 3가지 가격을 제시받았다. 경매 입찰가는 각각 킬로그램 당 1,700원, 1,740원, 1,760원이다.

이 경우, 구매자가 제출된 가격들을 낮추기 위해 셀러들 모두에게 "우리가 시행한 시장조사에 의하면 이 정도 제품이면 킬로그램 당 1,700원 이하면 충분하리라 생각합니다. 죄송하지만 성의 있는 견적서를 다시 한 번 부탁드리겠습니다."라는 취지의 공문을 보낸다.

그럴 경우 3곳의 셀러들은 모두 킬로그램 당 1,700원 이하로 조정하여 견적을 보낼 가능성이 높다.

크런치법은 우리가 생각하는 것보다 상당히 효과가 있다. 어째서일까? 셀러의 마음속에 무슨 일이 일어나는 것일까?

셀러들은 바이어의 공문을 받고 다음과 같은 생각이 머릿속에 맴돌 것이다.

"이 공문을 나에게만 보냈을지도 모른다. 왠지 지난번에 친절하더라."
"성의 있는 견적을 보내면 나와 계약할 가능성이 높을 것이다."
"바이어는 분명 낮은 가격대를 생각하고 있을 것이다."
"바이어는 틀림없이 내가 모르는 그 무엇인가를 알고 있을 것이다."

크런치법은 낮은 입찰가를 제공한 셀러들에게도 효과적일 때가 많다. 그러나 이처럼 높은 성공 가능성에도 불구하고, 과도한 크런치법은 위험 요소가 있다(어떤 전술이든 과도하면 문제가 생긴다).

셀러는 바이어의 계속적인 크런치에 대한 반격으로 다음과 같이 행동할 것이다.

- 처음부터 높은 가격을 제시한다.
- 야비한 방법으로 낮은 품질의 제품을 제공한다.
- 서비스가 줄어든다.
- 때로는 셀러들끼리 담합한다.
- 일단 주문받기 위해 지킬 수 없는 약속들을 한다.

그러므로 바이어는 예산이나 시장상황을 고려하여 크런치법을 제한적으로 사용해야 한다. 이 전술은 가끔씩 활용해야 효과가 더욱 커질 수 있다. 경험이 많지 않은 바이어들에겐 더욱 그러하다.

8. 가정질문법

구매담당자들이 셀러들의 가격 정보를 알고 싶을 때 쓰는 가장 전형적이 협상전술 중의 하나가 가정질문법이다. 즉, 실제 주문할 물량이 많지 않지만 대량주문을 암시하는 견적서를 요구함으로써 셀러를 현혹시켜 정보를 알아내는 방법이다.

예를 들어, 당신은 구매담당자로서 지금 소형모터를 2,000개를 구입하려고 생각하고 있다. 그래서 업자로부터 다음과 같은 견적을 받았다.

〈견적 내용〉
소형모터(타입 X) @3,560원 × 2,000개 = 총액 7,120,000원

이런 경우 구매 담당자들이 상대방에게 정보를 얻기 위해 "만약 1만 개를 구매한다면……." 등의 가정형 질문을 함으로써 비교적 저항 없이 상대방으로부터 정보를 얻을 수 있는 방법이다.

협상은 상대방에 관한 정보를 많이 얻는 편이 유리한 것이 사실이다. 그 유리한 정보를 상대방에게서 잘 이끌어 내어 협상을 유리하게 만드는 전술이 가정질문법인 것이다.

위 사례의 경우 베테랑 구매담당자는 다음과 같이 말할 것이다.
"죄송한데요, 한 번 더 수고해 주셔야겠네요. 2,000개일 경우를 포함하여 이 모터를 만약 200개만 구입할 경우, 1만 개일 때, 2만 5,000개일 때로 각각 4가지 견적을 부탁드립니다."

이 경우 셀러는 다음과 같이 견적을 보낼 것이다.

- 200개 - @3,960원
- 2,000개 - @3,560원
- 1만 개 - @2,960원
- 2만 5,000개 - @2,530원

이제 베테랑 구매담당자는 셀러가 보낸 견적서를 비교 분석하여 이 모터의 원가, 마진, 메이커의 가격정책 등을 어느 정도 파악하게 된다. 상대를 알면 그다음은 만사 오케이다.

협상가들이 해야 할 것과 하지 말아야 할 것들
(성공을 위한 처방)

1. **협상은 콘테스트가 아니다.**
   양쪽을 위한 더 나은 방법을 찾을 수 있다는 믿음을 가져라.

2. **당신은 당신 생각보다 더 능력 있는 사람이다.**
   협상 상대의 능력의 한계를 찾아라.

3. **당신의 계획을 적어두라.**
   준비 될 때까지 절대 어떤 이슈를 결정하지 말라.

4. **차이가 크더라도 절대 협상을 두려워 말라.**
   어떤 협상이든 처음엔 상대와의 차이가 클 것이다.

5. **2류 팀과는 협상하지 말라.**

6. **당신의 팀에서 결정하지 않은 이슈에 대해 절대 협상에 착수하지 말라.**

7. **말하지 마라. 비판 없이 경청해 보아라. 많이 들으면 많이 얻는다.**

8. **지위나 권위에 겁먹지 말라.**
   잘 준비한 뒤에 기꺼이 그들에게 맞서라.

9. **사실과 표준, 통계에 의해 겁먹지 말라.**
   어떤 것이든 다 협상이 가능하다.

10. **교착상태가 발생한다고 해서 당신에게만 문제가 있다고 생각하지 말라.**
    상대는 훨씬 많은 문제점들을 가지고 있을 수 있다.

11. **최종 제안이나 확정된 가격, 혹은 사든 말든 맘대로 해라 식의 반응에 겁먹지 말라.**
    모두 협상 가능한 것들이다.

12. **심도 있게 협상하라.**
    당신이 그가 그의 조직으로부터 "Yes"라는 대답을 듣도록 돕지 않는 한 그도 "Yes"라고 답하지 못할 것이다.

13. **이익은 만족을 통해 얻은 수확임을 명심하라.**
    빙산 아래의 숨겨진 부분을 봐라. 자신과 상대를 만족시킬 만한 요소를 반드시 찾을 수 있을 것이다.

14. **퇴장하는 법을 배워라. 그 뒤에 재등장하는 법 또한 배워라.**

15. **남자이든 여자이든지 힘든 협상은 충돌도 있게 마련이다.**

16. **상대를 너무 심하게 압박했다면, 좀 예의 있고 친절하게 협상해 보아라.**
    적어도 상대의 어려움에 경청하고 그것에 공감하려 애써라.

17. **할 수 있는 한 협상의 전략과 전술에 대해 많이 배워라.**
    아는 것이 힘이다.

18. **이상을 높게 가져라.**
    대신 목표치가 높을수록 위험도도 높다는 것을 명심하라. 또한 열심히 노력하고 인내심을 가져야 하는 것은 물론이다.

19. **상대의 의지를 테스트하라.**
    당신은 그가 무엇을 허용할지에 대해 절대 모른다.
    상대가 명분 있게 물러설 수 있도록 도와줘라.

20. **협상력 향상에 힘써라.**
    모든 협상에는 사각지대가 있는 법이다. 협상분야만큼 트레이닝의 성과가 가시적으로 나타나는 곳은 드물다.

협상 시크릿
Secret of Negotiation

지은이 | 박명래·김국진
펴낸이 | 황인원
펴낸곳 | 다차원북스

신고번호 | 제2017-000220호

초판 1쇄 발행 | 2013년 07월 19일
초판 4쇄 발행 | 2017년 09월 25일

우편번호 | 04083
주소 | 서울특별시 마포구 성지5길 19, 104호(합정동, 성우빌딩)
전화 | (02) 333-0471(代)
팩시밀리 | (02) 333-0471
E-mail | dachawon@daum.net

ISBN 978-89-97659-25-8 13320

값 · 14,000원

ⓒ 박명래·김국진, 2013, Printed in Korea

※잘못된 책은 구입하신 곳에서 바꾸어 드립니다.

이 도서의 국립중앙도서관 출판예정도서목록(CIP)은
서지정보유통지원시스템 홈페이지(seoji.nl.go.kr)와
국가자료공동목록시스템(www.nl.go.kr/kolisnet)에서 이용하실 수 있습니다.
(CIP 제어번호: CIP2013011608)